Greta Garbo

Jean Lacouture

Greta Garbo

la dame aux caméras

LE GRAND LIVRE DU MOIS

Biographies du même auteur

Malraux, Seuil, 1973
Mauriac, Seuil, 1978
De Gaulle, Seuil, 1982-1983-1985
Champollion, Grasset, 1989
Montaigne à cheval, Seuil, 1996
Mitterrand, une histoire de Français, Seuil, 1998

Rien dans le monde ne peut être comparé
à la face humaine... Il n'y a pas de plus grande
expérience dans un studio que de guetter l'expression
d'une face sensible soumise
au pouvoir de l'inspiration...
Carl DREYER

Greta Garbo... fut la fondatrice
d'un ordre religieux appelé cinéma.
Federico FELLINI

Pour nous, Surréalistes, elle représentait
notre vision de la Femme. Elle aurait pu surgir
des Chants de Maldoror *ou de Rimbaud...*
Philippe SOUPAULT

Charlot dit à Greta Garbo
Sautez mam'zelle
Sautez plus haut...
(Comptine des années trente
pour les petites filles sautant à la corde)

Introduction

Rencontre avec le mythe

C'était un jour de septembre 1951, vers la fin de la matinée. Sur le trottoir de la rue de Rivoli, le long des arcades entre le Louvre et la Concorde, je vis s'avancer à ma rencontre deux femmes de haute taille. Le visage de l'une, soudain, happa mon regard. Ce visage ? Ce vi…

Je n'eus pas le temps d'hésiter : devant moi, une dame qui tenait par la main un petit garçon se pencha vers lui et, montrant du doigt l'une des marcheuses, souffla à son oreille quelques mots – vraisemblablement analogues à ceux qu'un biographe prête à une vieille New-Yorkaise qui, lors d'une promenade dans Central Park en compagnie de son petit-fils, fit la même rencontre : « Tu vois, Bobby, on a toujours raison de sortir : on peut croiser Greta Garbo… »

Mais oui : c'était bien elle, flanquée, je l'ai appris plus tard, de son amie Cécile de Rothschild qui l'hébergeait lors de ses fréquents séjours à Paris – nous sommes dix ans après sa rupture avec

Hollywood. Pas de lunettes, pas de chapeau protecteur, les cheveux sur les épaules, en grandes mèches claires, un regard marin. Déjà, je devais me retourner pour la voir.

Et moi qui n'ai jamais osé suivre une femme dans la rue, enviant l'audace des héros de Berl, de Morand ou de Drieu, je lui emboîtai le pas pendant près d'une heure dans la cour du Louvre alors délabrée, puis le long des allées des Tuileries, autour du Carrousel et sous les niches de la rue de Rivoli où les maréchaux de Napoléon portent sur leurs épaules, comme un souvenir neigeux de la campagne de Russie, les défécations des pigeons parisiens. Étions-nous dans *Ninotchka*, ou dans *Marie Walewska* ?

Qu'aurais-je fait, qu'aurais-je dit si soudain la Divine, dans son ardeur légendaire à préserver son intimité (« *I don't want to be alone, I want to be* left *alone...* ») s'était retournée, flamboyante : « Eh quoi, mortel, que voulez-vous ? » Rien que d'y penser... Elle ne le fit point – alors qu'au début de *Camille*, dans le foyer du théâtre, Marguerite, se sentant suivie par Armand, se retourne : « *Are you following me ?* » Mais son sourire, alors, est de ceux que je n'espérais pas...

Son amie la menait au pas de charge (une de ses cousines ne trouvait-elle pas à Cécile une ressemblance avec George Washington ?), accentuant peut-être, chez la Suédoise, une très légère et émouvante claudication où un adorateur pouvait trouver de nouvelles raisons d'admirer. A gestes larges, Cécile montrait telle frise ou telle perspective, détaillant les étranges combinaisons stylistiques entre l'art des Valois-Médicis et celui des Bonaparte-Montijo... Et la reine Christine, encore illuminée de ses entretiens nocturnes avec Descartes, semblait envoûtée par la redécouverte de ce Paris marqué par ses cicatrices de guerre.

Grisé et fourbu d'émotion, je regagnai le triste local de *Combat* dont j'étais alors le «chroniqueur diplomatique» et racontai mon aventure au rédacteur en chef Jean Fabiani : «Écris-nous sur-le-champ un "J'ai suivi Greta Garbo!"» (que ne publiait-on pas, dans ce journal sous-alimenté, pourvu que ça ne coûte rien, et n'endorme pas le lecteur!) Et je me revois tapant mon papier dans l'exaltation, sur une machine où je faisais plus souvent claquer les noms de Hô Chi Minh et de Bourguiba...

Je m'étais souvent promis de clamer l'admiration (mais n'y a-t-il pas un autre mot pour dire cela?) que je vouais à la personne qui plus que toute autre, après les coureurs du Tour de France et avant l'André Gide de *Paludes*, aura envoûté ma jeunesse, enivré de l'espoir de rivaliser sur ce point avec François Mauriac dont une éblouissante chronique, écrite en 1932 et reprise quelques années plus tard dans un recueil intitulé *Journal II*, avait contribué à sublimer ma passion pour la Suédoise, en attendant qu'un article enflammé publié par le plus calotin des journaux bordelais, *La Liberté du Sud-Ouest*, transforme en obsession le désir de voir sa Dame aux camélias.

Passion si vive, envoûtement si intense que ma vie sentimentale s'en trouva, des années durant, inhibée. Si éthérée qu'elle parût, la beauté de la Suédoise était assez chargée d'incitations érotiques pour détourner, capter ailleurs les pulsions d'un adolescent tel que moi (combien de confesseurs, jésuites ou autres, ont-ils songé à la part prise par sainte Greta à la sauvegarde de la vertu des jeunes gens ?).

Ce n'est pas tout à fait sous cet angle que François Mauriac voyait celle à qui Ludwig Berger disait : « Tu as de la chance, Greta : au XVIe siècle, on t'aurait brûlée comme sorcière ! » En décembre 1932 donc (elle « parle » depuis deux ans...), l'auteur du *Désert de l'amour* avait publié dans *L'Écho de Paris* un article intitulé « Un soir, Greta Garbo » que je savais par cœur, et qui fit autant pour m'attacher à elle qu'*Anna Karénine*, et à lui que *Thérèse Desqueyroux* :

« J'ai rêvé qu'elle poussait la porte de mon cabinet, qu'elle s'asseyait en face de moi qui ne la cherche pas... A cette heure indécise du chien et loup, j'entrevoyais une forme merveilleuse... L'écran, barrage mystérieux, ne laisse filtrer que les éléments impérissables de ce nez, de cette bouche. Peut-être pâtes et onguents servent-ils à en absorber et à en dissoudre tout l'éphémère ? La pensée que Dieu eut, en créant un tel visage, apparaît dans ce dessin d'une simplicité céleste, nettoyé de toute souillure, préparé pour l'éternité. [...] Les yeux merveilleux de Greta Garbo, un garçon faible et fiévreux, perdu dans ces foules innombrables, en supporte tout seul le trouble immense. Chaque désir est éveillé par cette créature à la fois réelle et inaccessible... Elle est là, vivante et offerte à des millions d'hommes ; mais si l'un d'eux, pris de folie, se précipitait, il ne trouverait rien de plus que le chiffon tendu sur le vide dont le taureau se leurre...

« Peut-être Greta Garbo sait-elle qu'un soir, à Philadelphie, à Buenos Aires ou à Melbourne, l'un de ses amants inconnus se leva soudain, et que, se frayant un chemin à travers les corps furieux, marchant sur la foule comme sur la mer, les bras tendus vers la forme adorée, présente, insaisissable, il donna de la tête dans l'écran crevé. Scène étrange qu'évoque pour mon cœur une phrase de Rimbaud : "Puis, ô désespoir, la cloison devint vaguement l'ombre des arbres, et je me suis abîmé sous la tristesse amoureuse de la nuit." »

Mauriac, Rimbaud ? Comment, après eux, oserai-je ? J'osai, ou crus l'avoir fait en cet après-midi de septembre 1951, après l'apparition des Tuileries. Mais quand, trente ans plus tard, Anne-Marie Métailié me demandant de réunir en un livre les portraits que j'avais publiés dans une douzaine de journaux et de revues, je cherchai « mon » Garbo dans la collection de *Combat*, je ne le trouvai point. Rêvée, seulement, ma chasse à la Divine au temps de la guerre de Corée ? Ou le récit que je croyais en avoir fait ? Il me fallut alors l'écrire, le souvenir revenant intact, et des longues mèches, et du pas élastique, et de mon émotion dans les allées des Tuileries.

Depuis, j'avais cent fois ravivé à son propos la « tristesse amoureuse de la nuit » dans les cinémathèques, en revoyant *Christine* et *Ninotchka* ou même *Anna Christie* et *Grand Hôtel*, en feuilletant les vieux *Cinémonde*, l'*Écran français* du cher Jean Vidal, les fulgurantes notices d'Audiberti, les mémoires de Françoise Rosay et de Jacques Feyder, ceux de Salka Viertel ou de Mercedes de Acosta, les livres sur Lubitsch ou Cukor, la merveilleuse évocation de Garbo que propose Klaus Mann dans *Le Tournant*.

Le mythe de la Beauté-Graal, de l'érotisme sublimé, sacralisé par l'indicible pureté des lignes, du volcan bouillonnant sous la neige, de la fragilité pathétique de cette créature « nettoyée de toute souillure » comme un Botticelli du Nord, résistait au temps, à la dispersion géographique. Comme si les glaces scandinaves l'avaient préservée de la corruption, comme si la longue absence de la Dame au grand chapeau de feutre entretenait l'envoûtement. A qui lui demandait pourquoi, après vingt ans d'errance, elle s'obstinait à dissimuler sous divers leurres une beauté encore émouvante, elle répliquait : « Pour ne pas abîmer le mythe. »

Lui avait-on donné à lire (elle lisait beaucoup, à la fin de sa vie) les *Mythologies* de Roland Barthes qui a trouvé en elle, en son visage, l'un de ses plus beaux thèmes d'inspiration, l'un des foyers de l'imaginaire du XXe siècle ? Peut-être, en ce texte scintillant, eût-elle trouvé, comme dans le vers de Victor Segalen « Je règne par l'étonnant pouvoir de l'absence », la justification de son obsédante retraite :

« Garbo appartient encore à ce moment du cinéma où la saisie du visage humain jetait les foules dans le plus grand trouble, où l'on se perdait littéralement dans une image humaine comme dans un philtre, où le visage constituait une sorte d'état absolu de la chair, que l'on ne pouvait ni atteindre ni abandonner. Quelques années avant, le visage de Valentino opérait des suicides ; celui de Garbo participe encore du même règne d'amour courtois, où la chair développe des sentiments mystiques de perdition…

« Garbo donnait à voir une sorte d'idée platonicienne de la créature. […] Il est vrai que la reine Christine est tour à tour femme et jeune cavalier […] mais Garbo n'y accomplit aucune performance de travesti : elle est toujours elle-même, porte sans feindre sous sa couronne ou ses grands feutres bas le même visage de neige et de solitude…

« Son surnom de “Divine” visait moins sans doute à rendre un état superlatif de la beauté, que l'essence de sa personne corporelle, descendue d'un ciel où les choses sont formées et finies dans la plus grande clarté[1]. »

La part prise par Greta Garbo dans l'histoire des mythes, des arts et des sentiments au XXe siècle est évidemment difficile à mesurer. Son amie Mercedes de Acosta assure que nulle femme de ce temps n'aura à ce point influencé ses semblables : mais elle lui était fort attachée… Il faut bien faire cas du feu de brousse passionnel et romanesque qu'alluma à travers le monde, vers 1925, à Hollywood, une jeune femme venue à vingt ans de Scandinavie, gauche et empêtrée dans un exotisme blond tenu pour moins efficace que le brun – incarné, imposé alors par Valentino ou Pola Negri.

De quoi est faite l'onde de choc provoquée par la Suédoise aux formes austères, au corps malhabile ? La force érotique, ou mieux aphrodisiaque, qui se dégage de ce regard dont rien ne disait alors qu'il était d'argent bleu, de ces gestes un peu raides, de cette face de neige, s'exerce sur trois plans, ou en trois temps : celui des données immédiates de la beauté ; celui de la transmutation par les procédés techniques, l'émulsion du film, la « photogénie », multipliant étrangement les séductions déjà miraculeuses de l'objet Garbo ; et la traduction qu'en fait le public lui-même invité à boire ce philtre.

On reviendra sur le caractère bisexuel de cet envoûtement qui, du fait de la nature même de Garbo, et de son physique à la fois si féminin et si ambigu, n'aura cessé de séduire autant de femmes que d'hommes. Mais ce qu'il faut marquer, s'agissant des mâles, c'est le lien qui rattache ici désir et innocence. L'irréalité même de la beauté, la pureté du blanc, du lisse, du malhabile, porte à son comble la volonté de transgression. Rondeurs et couleurs ont leur force d'appel. Mais que dire de ce lys ployé, égaré parmi les fureurs nocturnes et possessives ? La candeur appelle la transgression. Le thème du viol est là. Mais d'abord celui de l'innocence. Dans ces yeux immenses, dans ce profil séraphique gît un piège : qui ne songe à s'y jeter, corps perdu ?

Le génie des marchands de pellicule de la Metro-Goldwyn-Mayer aura été de plonger cet archange livide dans un océan de noir péché. Quelle actrice, au cours de sa carrière, aura si constamment joué les pécheresses, les dévoyées, les femmes fatales, les prostituées – de la garce absolue de *La Tentatrice* à la fille perdue d'*Anna Christie*, de la dévorante Felicitas de *La Chair et le Diable* à la gourgandine de haut style qu'est la *Dame aux camélias* ?

Sur Lillian Gish, la seule grande actrice qui l'ait précédée en cet art et dont la mémoire ait survécu, le péché pouvait fondre, bref, bouleversant. Mais Garbo, elle, y vit immergée, se débattant à peine, courant de brute en mufle et de barbeau en exploiteur. Devant cette proie qu'elle est parmi les hommes – les femmes ne se mêlent que furtivement à la bacchanale, sur l'écran – qui ne rêve de jouer les sauveurs, ou d'entrer dans le jeu des pervers ? Quelle chute plus belle que celle du plus bel ange ?

Contre la volonté de l'actrice excédée de jouer les « mauvaises femmes », les maîtres du jeu n'ont cessé de faire leur miel de cette dissonance perverse organisée entre l'ange et la bête, réussissant le tour de force d'apprivoiser les ligues de vertu et des codes de proscription, jusqu'à un certain jour de 1941 où ils décidèrent de livrer aux chiens de la censure une star qu'ils tenaient pour exténuée – du point de vue du *box office* en tout cas.

L'autre aventure vécue par la Suédoise, parallèlement à celle de la pureté vouée au viol, c'est celle du métier conquis sur la beauté absolue. Peu après son arrivée à Hollywood et son premier succès dans *Le Torrent*, elle écrit à une amie de Stockholm : « Ils n'ont pas ici de filles de mon genre, ce qui fait mon succès. Mais ils se lasseront vite : il faut donc que j'apprenne à jouer... » Ce qu'elle fit, avec un acharnement de fille de pauvres.

Tous les acteurs font « des progrès ». Mais s'agissant de Greta Gustafson, nous sommes dans un cas extrême, compte tenu de l'emprise quasi magnétique qu'elle exerce, à dater de *La Chair et le Diable* (1927), sur les publics, elle, la « sorcière » selon Ludwig Berger. Imagine-t-on Circé s'exerçant à des tours de magie ?

Tôt prise en main par deux maîtres, Stiller et Pabst, Greta Garbo allait s'opiniâtrer à tel point, dans l'apprentissage puis la maîtrise de son métier, qu'elle aurait dix ans plus tard acquis une virtuosité professionnelle qui la ferait comparer tour à tour à Sarah Bernhardt dans *La Dame aux camélias* et à Buster Keaton dans *Ninotchka*...

Ce qui fait l'incomparable saveur du personnage, de ce qu'il faut bien appeler la «carrière» de ce météore improbable à travers la machinerie de Hollywood et au plus profond de l'imaginaire collectif de l'Occident (du seul Occident?), c'est d'abord la transfiguration d'un mythe en réalité (sans destruction du mythe), la réinvention d'une sirène nordique aux formes indécises en une incarnation tragique de la Femme dévorante et sacrifiée. Anna Karénine ou Dame aux camélias.

Capté par une industrie, vendu comme une marchandise par une énorme machine à rêves et à sous, le mythe, menacé de s'avilir en produit de consommation universel des quais de Valparaiso aux souks d'Istanbul, est sauvé par l'art d'une comédienne devenue apte à interpréter les héroïnes de Tolstoï et de Pirandello.

Ainsi le cinéma, assumant d'abord en elle son rôle primordial d'envoûtement collectif et nocturne, débouche-t-il par elle et ses tuteurs, Cukor ou Lubitsch, sur l'art dramatique le plus élaboré, le mieux analysable. L'impalpable déesse, la reine des trolls, la magicienne s'est incarnée parmi nous en une technicienne des mots et des gestes, des larmes et du rire. Quitte à s'enfuir, pour survivre, un demi-siècle, errante et souveraine.

« Mojé »

Une déesse nordique ne saurait surgir que d'un rocher battu par les flots, les vents ou la neige.

Södermalm est une île rocheuse, l'une des plus belles de l'archipel sur lequel sont bâtis plusieurs des quartiers de Stockholm. Partout des vues immenses, des échappées sur les autres îles, et sur la mer. Un Fiesole des neiges, l'Acropole des glaces, haut lieu du tourisme culturel ? Non.

Au début du XXe siècle, c'est un faubourg pauvre, ou plutôt terne, peuplé de petits employés et de travailleurs manuels. C'est là qu'a échoué Karl-Alfred Gustafson (le nom d'un Suédois sur cent...) que la misère paysanne a jeté vers la ville quelques années plus tôt. Bel ivrogne au visage de Siegfried, il a trouvé à s'employer comme jardinier municipal. Venue de la campagne avec lui, sa femme Anna, trapue et acariâtre, fait des ménages. Ils ont deux enfants, Sven et Alva.

Le 18 septembre 1905, au 32, Blekingegatan – l'immeuble a aujourd'hui disparu –, naît une seconde fille, promise à une obscurité laborieuse, Greta Louisa Gustafson. C'est une blonde potelée au regard mélancolique qui toujours paraîtra plus que son âge. Elle a quatorze ans quand son père meurt, dévasté par l'alcool. On la place comme *soap girl* chez un coiffeur voisin, puis elle se fait vendeuse et modèle publicitaire chez une modiste réputée. Mais elle a déjà trouvé sa voie.

Comme le sport et l'aquavit, le théâtre est une passion suédoise. A treize ans, Greta, si timide par ailleurs, a créé « sa » troupe, formée de quatre amies, l'Attic Theater[2]. Et, à seize ans, elle est admise à l'Académie royale d'art dramatique, alors dirigée par un homme de talent, Gustav Molander, acteur et metteur en scène. Elle y a pour condisciples Alf Sjöberg, qui deviendra l'un des maîtres du cinéma suédois entre Sjöström et Bergman, et ses premières amies, Mimi Pollack et Mona Mârtenson.

On lui a pardonné en ces lieux austères d'avoir accepté de jouer, pour quelques centaines de couronnes, un rôle dans un petit film vaguement polisson, *Luffar-Peter*, imité des *bathing beauties* de Mack Sennett : les photos tirées du film la montrent, à seize ans, gaie, les formes rondes, beau petit animal de plein air. Mais, à l'Académie, elle travaille des pièces « classiques », *La Femme de la mer* d'Ibsen, la *Madame Sans Gêne* de Sardou et *La Belle Aventure* de Flers et Caillavet, de telle façon que Molander invite à assister au concours de fin d'année l'homme qui domine alors, de son génie baroque, le théâtre et surtout le cinéma suédois.

Mauritz Stiller a fait irruption vingt ans plus tôt sur les scènes et les plateaux de Stockholm, venu du ghetto (son vrai prénom est Mosché, dit « Mojé ») d'Helsinki, alors petite capitale d'une province tsariste où les Juifs sont moins maltraités qu'ailleurs, et d'où il s'est enfui à vingt et un ans pour n'être pas envoyé sur le front de la guerre russo-japonaise.

Trop grand – un mètre quatre-vingt-onze –, trop gros, trop fort, exubérant, tonitruant, inventif (ses photos font penser à l'Anthony Quinn de *La Strada* doté d'un regard d'acier bleu), il aime provoquer. Un de ses meilleurs films, *Erotikon*, illuminé par la présence de la splendide Tore Teje, n'a pas laissé de scandaliser la haute société suédoise, alors plus libérée que celle de Londres ou de Paris, mais qui goûte peu de voir dévoilés trop crûment ses fantasmes.

En 1923, à quarante ans, dont vingt consacrés au théâtre et au cinéma suédois, il a réalisé près de cinquante films, qui portent tous sa marque. Historien du cinéma scandinave, Bendt Almquist voit en lui beaucoup moins un conteur d'histoires, comme son rival et ami Victor Sjöström, qu'un « montreur d'attractions » – en quoi il fait penser à Georges Méliès. Sa caméra n'est pas un stylo mais un tréteau. La beauté des êtres, leur éclat lui importe. Il filme comme un forain – coup d'éclat après feu d'artifice, coup de gong après trait de lumière. Un bateleur ? Homme de spectacle, incendiaire de plateau, qui a conquis la gloire par des spectacles scéniques et dont le chef-d'œuvre resterait un *Broadway* monté sur la scène de Stockholm peu de temps avant sa mort – s'il n'était, pour l'histoire, le Pygmalion de Greta Garbo.

Une énorme casquette vissée sur le crâne, il sillonne Stockholm à fond de train au volant d'une Torpedo jonquille (on l'appelle « le Péril jaune ») où il trimballe deux dogues formidables. C'est une sorte de Diaghilev des faubourgs, auquel rien ne résiste. C'est aussi, et surtout, l'auteur d'un des deux films fondateurs du cinéma suédois avec *La Charrette fantôme* de Sjöström : *Le Trésor d'Arne*. D'où l'attention, braquée sur lui, des potentats de Hollywood.

Suivant le conseil de Molander, l'homme à la Torpedo jaune assiste au concours des élèves de l'Académie : et dès le lendemain Greta Gustafson est convoquée à Rasunda, siège de la cinématographie suédoise. Une audition chez Stiller ? Stupéfaite, elle accourt : « J'étais très émue de me trouver face à un si grand homme, malade d'angoisse… Il entra en compagnie de son grand chien qui ne le quittait pas. Je tremblais. Il me regarda longuement, très longuement. Beaucoup plus tard, il me raconta comment j'étais vêtue ce jour-là, des pieds à la tête… Soudain il me demanda d'enlever manteau et chapeau, ce que je fis, puis me demanda mon numéro de téléphone – ce qu'on fait pour se débarrasser d'une candidate… Visiblement, je ne l'intéressais pas[3]… »

Huit jours plus tard, elle est convoquée de nouveau à Rasunda, cette fois pour se voir confier par Mauritz

Stiller un rôle important dans le film très ambitieux qu'il prépare avec fièvre, *La Légende de Gösta Berling* (prononcer Yosta), d'après Selma Lagerlöf, la romancière nationale ; la distribution et le tournage de ce film constituent une affaire suédoise par excellence : elle y jouera la petite comtesse Elisabeth Dohna[4].

« Techniquement, confie Stiller à son assistant, elle n'est pas prête, mais un visage comme celui-là, l'écran n'en reflète pas plus d'un par siècle... » A vrai dire, la débutante ne devait pas avoir à résoudre de très graves problèmes d'interprétation : le charme un peu mou de la jeune comédienne sied au personnage de la comtesse par la grâce de laquelle sera assuré le rachat de Gösta, le pasteur dévoyé, que joue Lars Hanson, l'acteur le plus populaire du pays – qui sera plusieurs fois à Hollywood le partenaire de Greta.

Inutile de rechercher le nom de Gustafson au générique : par la volonté de Stiller, elle est devenue Garbo. L'origine du pseudonyme est indécise. Le metteur en scène, assuré d'emblée de la gloire qui attend l'inconnue, a voulu que son nom eût une résonance internationale et sonnât comme une enseigne. A-t-il d'abord pensé à Gabor, mué en son anagramme ? Au mot *garbo* qui, en espagnol (on est au temps des *latin lovers*, Valentino, Moreno, Novaro...), exprime, plus encore que la beauté, l'allure, le grand style de la séduction ? Au *garbon*, le petit génie des vagues de la Baltique ? Bref, avant d'être Garbo, elle en porte déjà, à dix-huit ans, le nom.

Comment éviter la référence à Pygmalion ? La Greta Gustafson de 1923 n'est certes pas la souillon que Bernard Shaw installe sur la scène. Elle est déjà une actrice en devenir, et charmante avec ses rondeurs (Stiller a exigé qu'elle perde quelques kilos pour jouer Elisabeth : elle en perdra beaucoup d'autres, arrivée à Hollywood...). Mais il fallait que l'œil de Mauritz Stiller fût bien exercé pour déceler la séductrice universelle dans cette fille mal fagotée de Södermalm.

Lucide par amour ? Tout donne à penser que le flamboyant sorcier de Rasunda fut d'emblée envoûté par la jeune fille. Il avait vingt-deux ans de plus qu'elle, et on lui connaissait des aventures homosexuelles : le très beau Nils Ashter, qui sera lui aussi le partenaire (et soupirant) de Garbo à Hollywood, prétendra avoir été l'un des élus ; et les déboires américains de Stiller seront envenimés, on le verra, par de sombres histoires de « secrétaires particuliers »... Mais, s'agissant d'un colosse de cette trempe, à quelles règles se référer ?

Si le provocant Stiller put hésiter, à son âge et avec sa réputation, à faire sa maîtresse de cette jeune fille de dix-huit ans, on peut imaginer que le tabou fut brisé à l'occasion du voyage qu'ils firent en 1924 à Constantinople en vue de tourner un film, projet qui fit fiasco pour des raisons financières.

On connaît mal la nature des sentiments que lui portait Greta, au-delà d'une intense admiration. Le fait est que pendant quatre ou cinq ans, de 1923 à 1928, leurs vies se trouvèrent inextricablement mêlées, de Stockholm à Berlin et de Constantinople à New York et à Hollywood. Au point qu'ils aient formé un couple ? Retenons ici une des très rares confidences de Greta à ce sujet : « On a parlé d'une liaison entre nous. Ce fut beaucoup plus que cela. J'avais remis mon destin entre ses mains… »

Pour disgracieux qu'il fût avec son gros nez, sa mâchoire lourde, ses gestes brusques, son air abusif, Stiller devait être irrésistible : tant de génie inventif, d'entrain, de fantaisie. Elle l'appelait « Mojé », doux diminutif de son vrai prénom. Et le ton de leurs échanges tel qu'il ressort de fragments de correspondance ou de scènes rapportées par des amis comme Victor Sjöström (qui la dirigera à son tour à Hollywood) paraît bien refléter chez lui la violence possessive, chez elle une soumission extasiée. Leurs amis américains les appelleront « la Belle et la Bête ». La Belle ne cessera jamais, en tout cas, et dès après la mort de la Bête, en 1928, de clamer l'admiration reconnaissante qu'elle vouait à son génie, déployé notamment en sa faveur.

De Stiller, sur le livre d'or que Greta tenait dans sa villa de Santa Monica, ces mots griffonnés avant son retour en Europe : « Vous êtes, Greta, ma dernière aventure, maintenant je suis vieux… Vous êtes mon plus magnifique trésor, et tel un avare, je veille sur lui avec un soin jaloux. »

De quelque façon qu'ait tourné l'exode américain au cours duquel le maître perdra sa créature, et la femme qu'il a aimée, la modelant avec une tendre violence, la part de « Mojé » dans l'épanouissement de Garbo restera fondamentale. Et c'est ainsi qu'elle verra les choses, après même leur séparation.

La lumière qui émane de ces femmes que l'on dit fatales, type de rôles auxquels sera longtemps vouée la Suédoise, que doit-elle à Stiller ? L'économie des moyens, des signes, des gestes qui constitue son bagage de comédienne ? La concentration, dans le seul regard, des émotions les plus fortes ? Le quelque chose de sauvage, de viking, qui restera lié à sa gestuelle, à sa démarche ?

Le signe de « Mojé » est sur elle. Détachée de lui par la brutale machine à équarrir les êtres qu'est Hollywood, elle ne reniera jamais les leçons du colosse venu d'Helsinki pour la garder ou la faire plus intensément suédoise. Il a fait jaillir de cette glace le fleuve de feu qui ne se tarira plus, si éloigné qu'en fût son inventeur. Mentor, plutôt sorcier, ou sourcier ? Il n'est pas de mythe qui n'ait son instigateur, son récitant originel.

Greta Garbo aura d'autres guides, d'autres mentors : Pabst, Thalberg, Brown, Feyder, Mamoulian, Cukor et surtout Lubitsch. Mais aucun d'entre eux, si grand professionnel qu'il fût, n'aura sur elle une emprise comparable à celle de Stiller, l'irremplacé.

Sous le regard de Pabst

Le Berlin de 1923 – l'année où, à Munich, Hitler entre dans l'histoire en déclenchant un putsch qui s'achève, pour lui, dans la prison où il rédigera *Mein Kampf* – est un champ de décombres social, politique et financier. Mais aussi un foyer de création. La folie est partout, l'anomie s'installe, la *schaden-freude* règne. Un carnaval d'angoisse où gicle l'invention esthétique. Pas de ville d'Europe (Paris excepté ?) où le créateur se sente plus libre, le public plus ivre d'attente.

Et notamment celui que fascine l'art nouveau, celui des images en mouvement, si propre au déploiement du génie allemand, expressionniste ou fantastique, qui se manifeste par des maîtres tels que Wiene, Sternberg ou Murnau, et ouvre un champ nouveau à une école de grands acteurs, Emil Jannings, Werner Krauss ou Conrad Veidt. Deux des maîtres de la dramaturgie germanique, Gustav Gründgens et Max Reinhardt, se tiennent certes à l'écart. Mais lors d'une tournée à Stockholm de sa troupe fameuse, Reinhardt découvrira le cinéma suédois et n'aura de cesse qu'il n'ait à son tour maîtrisé le septième art, sous forme d'une adaptation, à Hollywood, dix ans plus tard, du *Songe d'une nuit d'été* (pour lequel il avait prévu de confier le rôle de Titania à Greta Garbo, et celui de Bottom à Charlie Chaplin*...).

Stiller, qui se sent à l'étroit en Suède où son génie furieux et vagabond ne laisse pas d'être suspect, où il est visiblement sommé de prouver constamment son enracinement, son appartenance culturelle à la civilisation scandinave, et où les moyens financiers souffrent de la relative étroitesse du marché, rêve de déboucher sur ce monde délirant où tout est possible.

Que l'accueil fait par le public suédois au *Gösta Berling* de Stiller pût être résumé ou non en la formule de Bengt Almquist « un échec grandiose », le fait est que l'œuvre fut pour le moins discutée. Fidèle à son esthétique, Stiller avait découpé le récit de Selma Lagerlöf en scènes chocs, négligeant la ligne d'ensemble, sinon les personnages. Les critiques formulées par la romancière furent cause d'une certaine froideur du public suédois, contrastant avec l'enthousiasme de ceux de Berlin, de Paris et de Moscou.

Si bien que Stiller décide de se détourner de l'ingrate Suède. Avant de recentrer ses activités sur l'Allemagne, il s'en va chercher encore plus loin, jusqu'à Constantinople, le cadre d'un film dont il rêve de faire la rampe de lancement d'une compagnie appelée Trianon Films, et la consécration de sa protégée. Il l'intitule *L'Odalisque de Smolensk* : Greta

---

* *Cf.* avant-dernier chapitre

doit y incarner une aristocrate russe enlevée lors d'un voyage en Méditerranée par un pirate qui la livre à un Turc, dont le rôle sera confié au célèbre Conrad Veidt... C'est l'échec de ce projet, joint à celui d'un consortium de cinéma européen imaginé par le magnat suédois des allumettes, Ivar Kreuger, qui ramène Stiller et Greta à Berlin, ruinés et en quête de travail.

Cette ruine explique que Stiller ait en quelque sorte « loué » sa merveille à un autre, le jeune (trente-sept ans) metteur en scène autrichien Georg Wilhelm Pabst qui, ébloui par *Gösta Berling*, a jeté son dévolu sur Garbo pour incarner l'héroïne de sa *Rue sans joie* (*Freudlose Gasse*). En attendant de trouver un sujet digne de lui et d'elle, désemparé et sans le sou dans ce Berlin qui l'admire sans l'avoir encore adopté, pourquoi ne pas autoriser Greta à tenter sa chance avec un quasi-inconnu, qui ne saurait lui porter ombrage et mettre en cause son ascendant sur elle ?

On a plus ou moins laissé entendre que Greta Garbo aurait en quelque sorte trahi son inventeur en signant avec Pabst. L'auteur de la plus récente des grandes biographies de Garbo, Karen Swenson[5], fait justice de cette accusation : à l'offre de l'Autrichien, elle répondit par un « Voyez M. Stiller » – lequel, pour les raisons que l'on a dites, donna son agrément, ayant vu d'emblée l'avantage que pouvait tirer sa protégée de l'aventure : elle tournerait sous l'égide d'un homme de talent qui la ferait travailler « à l'allemande» (sous son propre contrôle), et au côté de deux des plus fameux acteurs de l'époque, la Danoise Asta Nielsen et l'Allemand Werner Krauss.

Mais l'auteur de *Gösta Berling* est aussi un homme d'affaires : d'un Pabst qu'il sent prêt à tout pour «avoir Garbo» – une dimension amoureuse s'ajoute, semble-t-il, à cette admiration –, il exige pour Garbo un salaire extravagant, l'engagement d'un partenaire auquel il tient, l'achat d'une pellicule hors de prix... Seul le cameraman Jaenson sera rejeté...

Le tournage de *La Rue sans joie* fut, pendant cinq semaines du début de 1925, l'une des épreuves les plus étonnantes auxquelles ait été soumise une actrice. Le rôle de Grete Rumfort, fille d'un fonctionnaire viennois ruiné par une opération boursière, en butte aux sollicitations d'une entremetteuse et d'un terrible boucher qui, régnant sur la «Rue sans joie», n'accorde de marchandise qu'à celles qui cèdent à ses avances, sied bien à la protégée de Stiller.

Mais, privée sur le plateau de la tutelle de son mentor, elle tremble comme une feuille. Il faut le doigté et l'acharnement minutieux de Pabst pour surmonter cette émotivité et la muer en émotion esthétique, la mélancolie de la fille des pauvres de Stockholm nourrissant l'angoisse de la petite Viennoise. Stiller ne lâche pas sa proie pour autant : des nuits durant, il lui fait répéter son texte à l'hôtel, lui imposant parfois des indications contraires à celles de Pabst. Ballottée entre ses deux maîtres, comme l'héroïne entre son père gémissant et le vorace boucher Werner Krauss (prodigieux), Greta Garbo subit là un « dressage » qui la marquera pour la vie.

Revu des décennies plus tard, le film souffre des incohérences du scénario où s'emmêlent les malheurs de la famille Rumfort, une intrigue policière d'une obscurité provocante et une audacieuse évocation de la lutte des classes dans la Vienne ruinée de l'après-guerre. Confrontée à de grands acteurs comme Nielsen, Krauss ou Gregory Chmara (que l'on reverra sur les scènes parisiennes de la seconde après-guerre[6]), Greta Garbo se meut encore avec une gaucherie adolescente et souffre d'un maquillage presque risible ; mais en trois ou quatre occurrences, sa beauté illumine l'écran avec une sorte d'emportement incontrôlé, d'innocence phénoménale.

Pabst se dit enchanté de la performance de Garbo et impatient de l'engager de nouveau. Si Stiller met le holà, c'est peut-être parce qu'il est agacé de l'ascendant pris par son jeune confrère, sinon par les sentiments qui l'animent. C'est aussi parce qu'il est déçu de l'accueil fait par le public allemand comme naguère de celui qu'avait reçu *Gösta Berling*. En fait, *La Rue sans joie* ne fut bien accueillie et louée qu'à Paris. Parce que le film étalait le malheur allemand ? Aussi parce que ce réalisme halluciné allait devenir l'une des voies royales du cinéma européen et qu'une critique intelligente y décela, sinon le génie encore balbutiant d'une actrice, en tout cas la maîtrise et l'audace dans la critique sociale de celui qui allait devenir le maître de *Loulou*.

Comment se retenir de citer ici le commentaire juteux inspiré par l'apparition de Greta à ce « voyeur » incomparable que fut Jacques Audiberti ?

« Comme une Vénus de l'écume, la déesse fleurissait hors de la ténèbre sanieuse d'une rue de Vienne. Seize ans, des frusques trop courtes qui craquent. L'ignorance de ces adolescentes en matière de sensualité se traduit par d'énormes certitudes chez le partenaire. Ce partenaire, de loin, chaque homme, dans les salles, le fut. A Paris comme à Chicago, chaque homme méditait de se rendre à Vienne, aussitôt muni d'un petit stock de boîtes de conserves, puisque cette monnaie comestible convenait pour acheter, dans les capitales germaniques vaincues, de si belles et si touchantes tendres biches affamées.

« Tout au long des films dont, par la suite, elle assuma la renommée, Greta Garbo ne cessera d'émettre une luminosité particulière... Sa blanche pureté polaire de Duse du Nord. [...] Son rôle et jusqu'au film lui-même disparaîtront dans le gretagarbisme éblouissant de la protagoniste essentielle. »

Si Pabst ne sut pas retenir la Suédoise irradiée du soleil de minuit, c'est aussi parce que l'ambition de Stiller – pour lui et pour elle – était alors attisée par d'autres projets. Le génie nomade de « Mojé » est tenté par d'autres mondes à conquérir. Et d'abord celui qui est, par excellence, celui du cinéma.

Louis B. Mayer, potentat (certains disent *mogul*) de la Metro-Goldwyn-Mayer, la célèbre firme au lion rugissant – qui n'a d'ailleurs pris son élan que dix-huit mois plus tôt, en 1923, imposant au monde un *Ben Hur* triomphal –, vient d'arriver à Berlin, son chéquier à la main, razziant les talents d'Europe pour ses studios de Hollywood. C'est Stiller qu'il a apparemment en point de mire. Mais pas de « Mojé » sans Garbo : le maître sait déjà qu'elle est son chef-d'œuvre et que c'est par le truchement de son visage de lumière que passera ce qu'il a à dire au monde.

La légende veut que Louis B. Mayer se soit « résigné » à engager Greta Garbo parce que son mentor, auquel tenait le patron de la MGM, l'avait imposée, comme un « supplément de bagage », en quelque sorte (la formule a été attribuée à Stroheim). La fille de Mayer, Irène Selznick, donne, dans ses souvenirs, une toute autre version : selon elle, son père, renard à l'œil exercé, avait décelé le caractère magique du regard de la Suédoise lors d'une projection de *Gösta Berling* antérieure à son voyage en Europe. D'abord désireux de s'attacher le metteur en scène, il n'avait pas fait de difficulté, lui, le rapace, pour accorder les quatre cents dollars par semaine que Stiller exigeait pour sa protégée. Ce qui s'appelle un placement judicieux.

Avant d'aborder le cycle hollywoodien ainsi ouvert par le dialogue entre le montreur de merveilles scandinave et le potentat de la MGM, il convient de s'arrêter un instant sur cette étape berlinoise de la carrière de Garbo. On l'a vue aux mains – complémentaires ? antagonistes ? – de deux maîtres, le « fou » et le « sage », tous deux enchantés par elle et assurés qu'ils ont affaire à l'un des tempéraments dramatiques de leur génération.

Il est extrêmement difficile de savoir ce que furent les liens, par rapport à Greta Garbo, entre le créateur du *Trésor d'Arne* et celui de *La Rue sans joie*, et de mesurer l'emprise que l'un et l'autre exercèrent alors sur elle. Gary Paris, auteur d'une savoureuse biographie de la Suédoise, a probablement tendance à exagérer l'influence exercée sur elle par l'Autrichien, au détriment de celle de « Mojé »[7]. N'est-il pas abusif d'écrire que si « Stiller a été son metteur en scène de l'extérieur, Pabst aura été celui de l'intérieur, qui lui aura révélé ses capacités psychologiques » ?

C'est tout de même le colosse de Rasunda qui l'aura révélée à elle-même, qui aura été à la fois le démiurge et l'homme de la première partie de sa vie – l'inventeur. Il arrivera très souvent à Garbo de parler, et avec dévotion, de Stiller. Elle fera plus rarement référence au grand metteur en scène de *La Rue sans joie*, qu'elle admirait et qui tentera de faire d'elle, vingt-cinq ans plus tard, la Pénélope d'un *Ulysse* rêvé…

Surgit la tentatrice

L'épiphanie de Greta Garbo dans le paysage hollywoodien à la fin de 1925 est exemplaire : sur cette terre, venant d'Europe, vous n'êtes rien. Mais vous avez la chance, en trois mois, d'être tout.

Ni le contrat signé à Berlin par Stiller, ni le vif intérêt que le visionnage de *Gösta Berling* avait suscité chez le patron de la MGM, Louis B. Mayer, ni les premiers tests de la jeune actrice réalisés sur les instances de « Mojé » n'ont suffi à forcer les portes des studios de la compagnie qui, depuis un an, s'est imposée comme la plus grande. Et peu s'en fallut que la tentative de conquête de Hollywood par le couple miracle débarqué de Stockholm ne s'achevât en prompte déconfiture.

Accueillis en juillet 1925 à New York comme des immigrants, ou presque, priés de prendre leur place dans la file d'attente des Européens ambitieux mais dotés d'un avenir incertain, traînassant dans la Grande Ville sous la garde d'un attaché de presse chargé de les faire patienter jusqu'en septembre – et qui estime avoir assez fait pour elle en la présentant à la presse comme la Norma Shearer[8] suédoise –, « Mojé » et sa protégée au regard candide rongent leur frein ; et déjà naît chez Garbo l'obsession du retour au pays qui ne la quittera plus : *I want to go home...*

A New York pourtant, entre deux flâneries à Coney Island et un spectacle à Radio City, ils ont fait un pas vers l'accomplissement de leur rêve : Greta a posé pour le photographe germano-américain Arnold Genthe. Mieux que ses deux films européens, ce sont peut-être les portraits réalisés par le maître new-yorkais qui ont révélé la force d'envoûtement émanant de la demoiselle venue de Stockholm. D'un coup, ce grand photographe a fait surgir la lumière irradiant du regard, la pureté des lignes et le pouvoir érotique qui se dégage de cette pureté même, dans un halo d'angoisse légère et de désir voilé. Sous l'angélisme, le diable.

On peut situer, dans ces quelques images qui semblent flotter sur un lac, l'origine d'une fascination qui ne cessera plus de s'exercer, après la retraite et après la mort, de l'emprise incomparable exercée sur les multitudes de toutes origines, et des deux sexes, par la fille de Södermalm. La flamme a jailli du studio de ce photographe new-yorkais qui, sous la neige aimable dont s'enveloppent les déesses nordiques, a su déceler un brasier.

Quelques semaines plus tard, le 8 septembre 1925, Mauritz Stiller et sa créature de rêve débarquent sur le quai de la gare de Los Angeles où le bon accueil réservé par la colonie suédoise ne parvient pas à les arracher au spleen. Les bureaucrates de la Metro-Goldwyn ne semblent soucieux que de les décourager. On les voit, décrits comme « la Belle et la Bête », errant dans Beverly Hills, désemparés, étouffant dans leurs lourds vêtements scandinaves. La porte même du *boss*, Louis Mayer, leur reste si obstinément fermée que Stiller se met en quête d'un avocat en vue d'exiger l'application de leur contrat.

Est-ce du fait que les photos magiques de Genthe tombent sous les yeux d'Irving Thalberg, le génie inventif de la compagnie, qui n'a d'abord vu dans la fille venue de Suède qu'une « blondeur », et découvre soudain en ces images immobiles le feu de la passion ? La voilà priée de faire un premier essai sous la direction de Stiller, essai si convaincant que l'un des réalisateurs vedettes de la maison, Monta Bell, en quête d'une « révélation » pour le film qu'il s'apprête à tourner, *Torrents*, exige d'engager la nouvelle venue.

Ainsi la plus illustre carrière de Hollywood commence par un gag digne d'une farce satirique de Woody Allen : la jeune déesse nordique arrachée aux neiges par un Pygmalion avide de faire surgir un feu très blanc de cette stalagmite se voit précipitée entre les mains d'un fabricant chargé de mettre en images une espagnolade tirée d'un récit barbouillé par l'ineffable Blasco Ibañez. Greta est chargée d'incarner une *señorita* (*olé !*) à accroche-cœurs et mantille devenue une diva célèbre, La Brunna, entre les bras d'un Valentino de série B, Ricardo Cortez (de son vrai nom Jacob Krantz, natif de Brooklyn). Quand on vous parle de Woody Allen... Et pourquoi pas Joséphine Baker en Mélisande ou dans *La Walkyrie*?

Tentative de destruction de la Suédoise – et surtout de son encombrant mentor, qui a été écarté, d'emblée, de l'aventure? Non. L'usine à broyer les êtres pour en faire surgir des rêves va faire de cette aventure pour rire une révélation foudroyante. Vu aujourd'hui, *Torrents* est un innommable mélo, où se manifeste pourtant une Greta prénatale. La projection de ce navet ibérique provoqua la première explosion du « garbisme », dû à la magie d'un certain regard sous les longs cils, à une certaine brusquerie animale dans les gestes. D'un coup, la « triste Suédoise de Stiller » est devenue un symbole érotique – et la MGM, naguère si méfiante, crépite, pour elle, de projets.

Pour elle, oui. Mais pour « Mojé » ? Le caractère impérieux et fantasque du maître de *Gösta Berling* irrite Mayer et même l'intelligent Thalberg. On le charge certes de diriger Greta dans *La Tentatrice*, le film qu'en hâte on a monté pour elle et où, décidément vouée à l'univers latin, elle doit interpréter le rôle d'une Parisienne volage (naturellement...) devenue par mariage *marquesa* argentine, la plus fatale des vamps, vraie croqueuse de *machos* (*ay! ay! ay!*). Parmi eux se distingue, outre un ancien officier français qui pour la séduire se recoiffe de son képi, l'ingénieur Robledo, joué par un certain Antonio Moreno. Ayant souffert pour elle mille morts dans la pampa, ce vaillant constructeur retrouvera la marquise, sur un trottoir parisien, prostituée, défigurée, mais gratifiée d'une apparition du Christ à la terrasse d'un café…

Ce dénouement ayant été jugé trop éprouvant pour les publics de l'Oregon ou du Tennessee, un second fut tourné où Greta, parée d'un voile noir, tombe dans les bras d'Antonio triomphant. Le plus étonnant est que le choix entre les deux épilogues, livrés avec la bobine, était laissé aux exploitants, salle par salle…

Mauritz Stiller avait été chargé de donner vie à cette chose, dont il voulut faire une épopée baroque, un cirque démesuré. Mais après sept ou huit journées hachées de coups de gueule, de barbarismes linguistiques et d'exigences à la von Stroheim («pour la scène du train, je veux une vraie rame de wagons, et une vraie gare!»), Mayer et Thalberg, excédés, lui donnent son congé, et quelques indemnités. Garbo fut-elle tentée ou priée de le suivre? Tout donne à penser que, prévenant les exigences du producteur, il lui conseilla de persévérer sous la direction de Fred Niblo, le réalisateur de *Ben Hur*.

Assez beau joueur pour se refuser d'entraîner la jeune femme dans sa disgrâce, « Mojé » ne le fut pas au point de louer le travail de son successeur – qui avait gardé d'ailleurs plusieurs des scènes tournées par lui : en larmes, Greta dut entendre son mentor, le soir de la projection, qualifier le film d'« exécrable » et sa propre performance d'« indigne » de ce qu'il avait voulu faire d'elle…

La Tentatrice – ou plutôt Garbo dans *La Tentatrice* – n'en fit pas moins date à Hollywood. Dans ses mémoires (*Lulu in Hollywood*), Louise Brooks, que nous retrouverons très proche de Garbo, écrit qu'à partir de la sortie de ce film plus une seule star ne se sentit assurée de son avenir. Quelque chose s'était passé, un être était venu, qui bouleversait les rapports entre le public et l'actrice, objet onirique…

Rude épreuve en tout cas pour cet étrange couple où le maestro, soudain, voit s'altérer une domination jusqu'alors totale, sans que sa créature cesse d'ailleurs de lui vouer une dévotion passionnée dont on ne sait trop quelle forme elle prit, de Stockholm à Berlin, de Constantinople à New York et à Los Angeles. Comment mesurer en tout cas l'humiliation ressentie par le maître chassé du studio, remplacé par un artisan à la mode, contraint de voir sa madone des neiges muée en vamp tropicale ? (Non sans qu'il y ait consenti ? Mais il y a des avis que l'on donne en espérant qu'ils ne seront pas suivis…)

Garbo a sans doute détesté son personnage de *La Tentatrice*. Mais ce ne fut peut-être pas sans ressentir ou goûter la révélation qu'il lui apporte sur elle-même, ses attentes et ses pouvoirs ; et peut-être même le desserrement de l'emprise exercée sur elle par « Mojé ». Cette distanciation, l'a-t-elle souhaitée ? Probablement pas. Mais elle dut la vivre comme une seconde naissance.

Que Stiller ait alors tourné pour une compagnie rivale de la MGM, la Paramount, *Hôtel Impérial* avec une star majeure comme Pola Negri, l'une de celles que la MGM espère voir supplantées par Garbo, put contribuer à atténuer la compassion qu'elle devait éprouver pour son inventeur. Il a eu sa chance. Qu'il n'ait pas su la saisir ne la regarde pas. Quand il quitte Hollywood, deux ans plus tard, c'est en vaincu de la cruelle compétition hollywoodienne et – on va le voir – en témoin de la liaison dont Greta Garbo et John Gilbert ont fait la fable de la capitale du cinéma.

On peut toujours rêver de ce qu'aurait accompli, non désuni, le couple Stiller-Garbo, le premier exaltant la seconde comme le fit Sternberg de Dietrich – et dans un registre tellement plus élevé… Qu'eût été « leur » *Anna Karénine*, « leur » *Reine Christine* ? Le fait est que l'usine de Hollywood, si elle a pu intégrer, sans les briser, l'actrice, son aura et son vibrato, n'était pas de taille à maîtriser leurs génies combinés.

En 1928, c'est un Stiller désemparé et surtout rongé par la maladie qui s'éloignera de Hollywood où sa protégée vit leur commun rêve de gloire, pour s'en aller mourir à Stockholm. Plusieurs lettres adressées à Greta témoignent encore de la profondeur des sentiments qui l'attachent à la femme dont il a fait un mythe – non sans qu'elle manifeste elle-même un déchirement à la mesure de la perte subie.

Le 8 novembre 1928, Greta Garbo tourne, au côté de son partenaire et ami suédois, Nils Ashter[9], *Terre de volupté* (*Wild Orchids*), l'un des films qu'eût le plus sévèrement jugés son Pygmalion, quand on lui remet, sur le plateau, un télégramme de Victor Sjöström, leur ami commun, lui annonçant la mort de « Mojé », emporté par une « pleurésie infectieuse ».

Elle quitte le plateau, livide, reste une heure enfermée dans sa loge, puis revient travailler avec Ashter. Le soir même, elle reçoit un autre télégramme, de Louis B. Mayer celui-là : « Je comprends votre peine. Mais le spectacle doit continuer. » L'histoire ne dit pas si ses employeurs lui infligèrent une amende pour son absence de l'après-midi. En tout cas, quand elle demanda quelques jours de congé pour aller assister aux obsèques de Stiller, ils se refusèrent à toute interruption du tournage. Nous verrons que ce ne fut là qu'un des épisodes de la guérilla qu'elle mena, quinze années durant, contre ces gens.

Lors de sa dernière visite à « Mojé » dans sa chambre de l'hôpital de Stockholm, Victor Sjöström observa que le mourant avait épinglé, au-dessus de son lit, l'une des photos de Greta prise par Arnold Genthe à New York, en juillet 1925. Le portrait fondateur, en quelque sorte, qui avait fait le lien entre l'« invention » par le maître de *Gösta Berling* et l'incendie allumé par *La Tentatrice*.

La chair, le diable et Jack…

John Cecil Pringle, dit Gilbert, dit Jack, est en 1926, à Hollywood, le séducteur par excellence. La mort de Valentino, en août de la même année, le laisse seul maître des cœurs féminins. Noir de regard, de poil (sa fille Leatrice a intitulé sa biographie *Black Star*), grand, musclé, rieur, ce fils de comédiens né dans une communauté de mormons combine le charme latin et la vigueur yankee.

Une remarquable absence de talent ne l'a pas empêché d'être, dirigé par King Vidor, le héros émouvant de *La Grande Parade* – et on le verra jouer avec force quelques scènes, ici et là. Mais c'est surtout, de salles de jeu aux bars de la côte, le type du « flambeur », jovial, bon garçon mais irascible quand il a bu – ce qui est son état ordinaire – et qui se tient pour irrésistible.

Les patrons de la Metro-Goldwyn manifestent, on le sait, un sens très vif de leur intérêt. Ils ont sous contrat « le » séducteur. Et voilà que surgit, dans leurs studios, la séductrice, une diablesse au regard candide, la fille du *Torrent*, la *Tentatrice* qui, en deux films, vient de démoder toutes les Theda Bara, les

Lillian Gish, les Pola Negri, et fait chavirer les publics des deux hémisphères.

Pourquoi ne pas combiner les deux magnétismes ? Pourquoi ne pas associer à la virilité brune la féminité blanche ? Pourquoi ne pas profiter de l'émoi provoqué par la Suédoise, muée tour à tour en Espagnole ou en marquise de la pampa, pour former le couple absolu, le plus flamboyant de Hollywood ?

La firme au lion rugissant ne manquerait pas de tirer un profit considérable de cet accouplement. Sans compter que la nouvelle star serait valorisée par ce face-à-face (ce corps à corps ?) avec le séducteur régnant. Pour faire bonne mesure, Jack et Greta formeraient un trio avec Lars Hanson, l'acteur suédois qui avait été le héros de *La Légende de Gösta Berling* – un personnage de nature à servir de « faire-valoir » à Gilbert et à mettre en confiance sa compatriote dont la gloire, désormais, éclipse la sienne.

Au début de juillet 1926, Garbo reçoit de la MGM un scénario intitulé *Flesh and the Devil* (*La Chair et le Diable*), tiré d'un roman à la mode, *The Undying Past* de Hermann Sudermann. Encore un rôle de femme fatale, sinon perverse. Elle le déteste, d'accord avec Stiller. Faisant valoir la fatigue qu'elle ressent – elle a tourné deux films en huit mois –, elle informe ses patrons qu'elle ne se juge pas en état de remplir ce contrat. Riposte de Louis B. Mayer : « Présentez-vous dès aujourd'hui à 16 h 30 dans le bureau de M. Irving Thalberg, où vous recevrez les directives à propos de votre rôle dans *La Chair et le Diable*. Compte tenu de votre attitude générale d'insubordination, nous tiendrons tout refus de vous conformer à nos exigences comme une rupture de contrat[10]... » Caserne, bagne ou case à nègres? L'affaire s'engage mal.

Quand Greta Garbo se présente au studio pour répondre à cette sommation (on imagine dans quel état d'esprit...), elle ne connaît John Gilbert que pour l'avoir croisé dans les couloirs des studios, saluée d'un « Hello Greta ! » auquel elle a riposté par un « Miss Garbo, s'il vous plaît... » qui l'a fait s'esclaffer : « Me faire la leçon, à moi ! Vous vous rendez compte ? » Elle ne connaît pas non plus le metteur en scène choisi par Thalberg, Clarence Brown, avec lequel elle tournera six films.

La scène de la rencontre entre Garbo et Gilbert, le 9 août 1926, est un classique du romanesque hollywoodien. On ne saurait en faire l'économie. Clarence Brown, personnage réservé s'il en fut et peu porté au commérage ou à l'exagération, a évoqué ce face-à-face dans une interview fameuse consacrée à ses relations avec Garbo : « Ce fut le moment le plus fou que j'aie vécu dans le métier. Quand ils se sont avancés l'un vers l'autre pour leur première scène d'amour, qui était le premier contact entre cet homme et cette femme comme entre les deux personnages qu'ils incarnaient, plus personne n'existait, ni moi ni un autre. Crier “coupez !” eût été une indiscrétion. J'ai emmené mes techniciens sur une autre partie du plateau pour les laisser finir ce à quoi ils étaient occupés ! C'était gênant... »

Bigre... On ne sait s'ils firent vraiment l'amour sur le plateau, comme le suggère Brown. Ce qui est sûr, c'est que Garbo, qui ne s'est engagée qu'à contrecœur dans l'aventure, ne semble plus regretter d'être venue... Gilbert est fou de passion et ne parvient plus à distinguer les relations frénétiques qu'entretiennent les héros Leo et Felicitas (Fatalitas eût mieux convenu...) avec celles qu'il a nouées, d'emblée, avec Greta. Du coup, emporté par la tornade, le sage Clarence Brown va multiplier les audaces – ou tout simplement celles qu'inventent, au fil de la route, les amants.

La Chair et le Diable est peut-être le premier des films américains – soumis, on le sait à une censure codifiée par un certain Mgr William Hays – où les baisers sont échangés à bouche-que-veux-tu, où les amants s'enlacent couchés. Il comporte surtout une scène proprement sacrilège : Felicitas et Leo sont agenouillés côte à côte pour recevoir la communion. Le desservant*, ayant présenté le calice à l'homme, le tourne légèrement, comme à l'accoutumée, pour que sa voisine pose ses lèvres à côté, et elle, d'un geste

* Par quelle aberration les auteurs du film ont-ils fait de l'ecclésiastique mêlé à cette affaire un pasteur ? Dans la haute société autrichienne du début du XXe siècle, tous sont intégralement catholiques... Est-ce pour introduire le calice ?

brusque, le retourne vers sa bouche pour poser ses lèvres à l'endroit même où l'homme a bu, prolongeant un baiser sur le bord du calice même, en faisant le truchement de la volupté... Est-ce le sage M. Brown, est-ce Greta amoureuse qui a inventé ce geste provocant ? Si c'est lui, on peut juger que Clarence Brown est un cinéaste sous-estimé. On a fondé la gloire d'un Stroheim sur des trouvailles de ce calibre !

A peine moins saisissantes sont la scène où, dans une pénombre terriblement complice, Greta-Felicitas allume la cigarette de l'homme, bouche, feu, fumée, lèvres, corps et nuit ne faisant qu'un, et celle où, devenue la femme de l'ami de son amant, elle attire celui-ci, l'aspire positivement vers son lit entrouvert, dans un geste étonnamment cynique. (Mais Dieu, que Lars Hanson, le mari survenant alors, est mauvais !)

Pour quelques traits de ce genre, pour la passion qui fait vibrer les personnages, pour la beauté de Garbo qui approche de son apogée, son corps gardant les formes – hanches et seins – de l'adolescence, et encore embelli par la fièvre qui l'agite, cette innocence animale et destructrice qui donne au moindre geste une dimension fatale, *La Chair et le Diable*, splendidement photographié par William Daniels – qui devient là l'un des inventeurs du chef-d'œuvre Garbo –, est l'un des cinq ou six coups d'éclats de cette carrière qui culminera dix ans plus tard avec *Camille*, que nous appelons Marguerite Gautier.

Il est peu de dire que le public ressentit un choc. Selon le critique de *Variety*, qui faisait alors autorité, « les trois grandes scènes d'amour de ce film, qui sont des sommets, vont faire bondir les gens sur leur siège et se dresser leurs cheveux... Miss Garbo effacera, dans les yeux du public, et au box-office, le souvenir de Theda Bara. Cette fille a tous les dons. »

La fille de Södermalm est bien la merveille que Stiller rêvait d'imposer aux Amériques. Mais ce que retient alors le public, c'est la liaison tumultueuse qui fait l'enchantement de la presse spécialisée : il n'y est bruit que du « château » où, sur les hauteurs de Beverly Hills, Gilbert a entraîné la femme qu'il aime, que du yacht qu'il a acheté pour elle et baptisé *The Temptress*, la Tentatrice.

La gloire du couple est alors si flamboyante que leurs producteurs, émerveillés de leur « coup », ne songent qu'à les réunir à nouveau : ce sera dans une adaptation d'*Anna Karénine* fabriquée à la diable, et à laquelle on confisque ce titre illustre, l'un des plus parlants de la littérature mondiale, pour lui substituer, absolu, et de circonstance, *Love*... Et naturellement Greta, qui a fêté ses vingt et un ans au lendemain de la première de *La Chair et le Diable*, est harcelée de demandes en mariage de Jack, qui l'appelle « Flicka ». Promesses, capitulations, refus, retraits, annonces, faux pas, rendez-vous manqués, cérémonie décommandée, rumeurs organisées, chantages, menaces, pleurs...

Greta ne sera pas la troisième femme de l'homme de Beverly Hills. Parce qu'elle préfère vouer sa vie à parfaire son art, comme n'a cessé de lui souffler « Mojé » ? Parce que l'homme qui l'assiège est, au-delà des frissons de la chair, un trop pauvre diable ? Parce que sa vraie sexualité est ailleurs ? De longues années plus tard, son amie Salka Viertel lui demandera comment elle avait pu partager, un temps, la vie d'un type tel que ce Jack, buveur, joueur, casseur... Après un long silence, elle répondit doucement : « Il était gentil avec moi. Il m'apprenait l'anglais. Et j'étais très seule... »

Gilbert, acteur médiocre – mais que l'on ne saurait juger, comme on le fait souvent, sur sa piètre performance de *La Reine Christine* –, fut en quelque sorte le médium entre Greta Garbo et la civilisation américaine. Stiller l'avait initiée à l'art de la comédie, qui fut sa vie. Gilbert lui fit découvrir une société vivante dont toutes les vulgarités marchandes concentrées à Hollywood ne pouvaient abolir la saveur humaine qu'elle goûterait pleinement à New York, choisissant d'y finir sa vie.

Whisky, dollars, drogue, inculture, brutalité du *boss* ? Oui : mais aussi ouverture, curiosités, échanges, jovialité, optimisme, créativité. La rapacité caporaliste de Mr Mayer ne pouvait faire oublier l'ingéniosité créatrice de son acolyte, Irving Thalberg. Le grand rire de Jack, sur le pont de *La Tentatrice*, toutes voiles dehors, n'abolissait pas les violences et les procédures de contrainte du studio et de ceux qui faisaient un film comme Henry Ford une automobile. Sans lui pourtant, et si dérisoire qu'il fût, et si proche sa chute dans l'alcoolisme – il en mourra, à quarante ans –, tout donne à penser que Greta Garbo, née Gustafson, eût succombé à la tentation qui fut toujours la sienne (*I think I'll go home...*) et bientôt suivi Mauritz Stiller à Stockholm.

De là à rêver à une carrière européenne de Garbo, à un retour à Stiller, à Pabst, en attendant Dreyer et Bergman, ces *Dame de la mer*, ces *Maison de poupée*, ces *Hamlet* (dans le rôle titre, bien sûr...) qu'elle aurait pu jouer... Nous verrons Visconti lui demander d'être pour lui une héroïne de Proust, et Fellini rêver de diriger celle qui était pour lui la fondatrice d'une religion appelée cinéma...

La maison sur la colline de Benedict Canyon que Jack Gilbert avait rehaussée d'une sorte de tour dans le style espagnol devint, quelques mois durant, le cadre d'amours exubérantes, festives, dont les temps forts étaient les *brunches* du dimanche matin : on sautait de la piscine sur le court de tennis où, selon Karen Swenson, la meilleure biographe de sa compatriote, Charlie Chaplin et Buster Keaton affrontaient le grand Bill Tilden associé à Greta.

Les amis de Gilbert appelaient miss Garbo « the Fleek », américanisation du « Flicka » des origines, et tel de ses partenaires de tennis la décrit saisissant la raquette à mi-manche, avec une intensité maladroite mais dévastatrice, infatigable, agressive, jusqu'au bout de ses forces – et alors faisant le piquet sur la tête au bord de la piscine. Une vraie fille de Suède, qu'ont adoptée avec ravissement tous les amis de Gilbert – y compris la très snob Adela Rogers St-John.

Les péripéties qui entourèrent alors le « mariage » des amants de *La Chair et le Diable* sont si dérisoires, si « cheap », qu'on n'oserait les rapporter que mises en images par Lubitsch ou en musique par Rossini. Telles quelles, on se contentera de relever que le Grand Séducteur y prit la figure d'un jobard grotesque et « the Fleek » d'une coquette de café-concert. Fausses entrées, vraies sorties, vrais bijoux et fausses gifles, escapades, rendez-vous annulés, cérémonies pour la frime et rires étouffés : le plus coruscant des non-mariages…

Bref, le diable aidant, et la chair, et Jack, la Suédoise laissa partir vers le Vieux Monde un Stiller épuisé. En trois films, dont le dernier seul est plus ou moins digne de l'idée qu'elle se fait, grâce à « Mojé », du métier d'actrice, elle a imposé une présence obsédante et manifesté sa primauté.

Dès 1927, dix-huit mois après son arrivée à Hollywood, elle règne sur un art qui n'a pas encore appris à parler et préserve ainsi, deux ou trois ans encore – pour elle, le temps de six films, dont seuls mériteront de survivre *A Woman of Affairs* (*Intrigues*) et *The Kiss* (*Le Baiser*) –, une irréductible originalité.

Ses performances dans *La Dame aux camélias* ou *Anna Karénine* la feront comparer à Sarah Bernhardt, à Eleonora Duse. Bien. Mais quelques années durant, sans rivale, et n'ayant peut-être pour modèles que Lillian Gish ou Norma Talmadge, elle aura été l'héroïne et le chef-d'œuvre d'un art sans couleur ni parole où, en un geste, en un sourire, en un rire étouffé, tout était dit.

De ce qu'était devenue la petite immigrante de 1925 en ces années-là (1927-1928), après le départ de Stiller et la fin de sa liaison avec Gilbert, au temps où on ne l'appelle pas encore « la Divine » mais où s'exerce déjà l'envoûtement, nous avons un témoignage éblouissant, le récit que fait Klaus Mann d'une soirée à Hollywood chez Emil Jannings, dont la maison était alors l'un des foyers de la brillante émigration européenne en Californie.

Le fils de Thomas Mann, que ses goûts portaient plutôt vers son propre sexe, ne cherche pas à cacher le ravissement qu'il éprouve – comme le feront après lui et comme l'ont fait avant lui un Stiller, un Ashter et nombre d'homosexuels – devant cet être foisonnant, multiplié par son art et les contre-emplois auxquels on l'a contrainte, que nulle frontière, ni du sexe, ni de la culture, ni de la nostalgie, ne saurait emprisonner :

« Parfois, une étonnante jeune personne se joignait à notre cercle [chez Emil Jannings], la plupart du temps sans s'être annoncée… Nous étions assis sur la terrasse après le dîner en train de boire du whisky : tout à coup elle était là – apparition à vous couper le souffle, qui s'avançait vers nous d'un pas fier et languissant à travers l'odorante obscurité du jardin. Elle était nu-tête et portait un imperméable ouvert et des sandales à talons plats. "Je suis si *horriblement* laaasse !" lançait-elle en guise de salut, d'une voix plaintive et profonde… et déjà elle se laisse tomber dans un fauteuil… Elle réclamait un verre d'alcool – "mais un grand, Emil, un double !"

« Son visage, sous la crinière léonine, était d'une stupéfiante beauté, c'était le visage le plus beau, me semblait-il, que j'eusse jamais vu ; et en effet, jusqu'à aujourd'hui, je n'en ai pas rencontré de plus beau. Elle avait le front marmoréen d'une déesse endeuillée et de larges yeux pleins de ténèbres d'or. Les longs sourcils arqués étaient soigneusement épilés et dessinés, les ombres bleues des paupières étaient artificiellement approfondies ; mais, par ailleurs, elle n'usait d'aucun fard, pas même de rouge à lèvres – ce qui faisait paraître sa bouche très pâle… d'un dessin incomparable, dans un pâle visage, mélancolique et arrogant, modelé à grands traits hardis.

« Sa voix orageuse et profonde semblait chargée d'un sombre et doux mystère, qu'elle parlât du temps qu'il faisait ou du film dans lequel elle était en train de tourner. La voir sourire était indiciblement émouvant, et n'arrivait que rarement. Son merveilleux, son inconsolable visage hésitait à s'éclairer ;

mais une fois que le sourire s'était posé sur ses yeux de nuit et sur l'arc orgueilleux de sa bouche, il y demeurait un peu trop longtemps – hésitant à son tour à se détacher d'un paysage d'une telle grâce. Mais ce sourire étranger, qui, en réalité, n'était pas fait pour elle, finissait par s'éteindre – et la tragédienne redevenait tout à fait elle-même.

« De son orageuse voix de pythie, elle réclamait un deuxième whisky et déclarait ensuite, à la surprise générale, qu'à présent elle voulait danser un tango avec la fille de la maison – à grands pas vigoureux, le corps un peu raide, son visage blanc, aux paupières baissées, assez loin de celui de sa partenaire. Ses grandes mains noblement dessinées tenaient fermement la jeune fille. Elle avait les poignets un peu trop lourds, les longues jambes et les larges épaules d'une statue antique d'adolescent.

« La danse finie, elle nous faisait savoir qu'elle se sentait nettement mieux maintenant. "Je vous remercie tous, disait-elle non sans solennité. Quand je suis arrivée, j'étais horriblement laaaasse ; mais à présent, je vais bien. J'ai bu et dansé. *Thank you ever so much.*" Et elle disparaissait dans l'obscurité alourdie de parfums de la nuit californienne d'où elle était sortie[11]... »

Un visage et une voix...

Longtemps avant que se fît entendre la voix nocturne, avant que se fût affirmée la maîtrise de la comédienne, Garbo fut un visage, « le » visage, ces formes nettes et exquises où Mauriac voyait un chef-d'œuvre du Créateur, et Barthes l'émergence de l'Idée.

Chez d'autres, alors fameuses, la séduction opérait par les hanches ou les seins, la chute des reins ou le jeu des mains, l'avancée de la jambe ou la houle de la démarche. Son long corps à elle, ses épaules trop carrées, ses seins menus – encore que le destin de la reine Christine ait basculé de leur fait, on y reviendra –, sa démarche un peu oblique, battue par le flot, et les fameux pieds si longs (si longs ? son fournisseur, le célèbre chausseur florentin Ferragamo, a précisé qu'elle chaussait du 39, ce qui est banal pour une personne de sa taille), quelque chose de malhabile ou de mal adapté, pouvaient susciter l'intérêt, le désir lié à la fragilité, celui du casseur ou du chasseur.

Mais c'est le masque dessiné par un sublime artiste, un Dürer ou un Bellini, ce masque à la structure puissante et douce comme une façade d'Assise, chef-d'œuvre d'équilibre qui contraste si éloquemment avec le déséquilibre inquiétant du corps, c'est ce masque qui assure son emprise, et son unicité. Revenons à Roland Barthes : « C'est sans doute un admirable visage-objet... Ce n'est pas un visage peint, c'est un visage plâtré, défendu par la surface de la couleur et non par ses lignes ; dans toute cette neige à la fois fragile et compacte, les yeux seuls, noirs comme une pulpe bizarre, mais nullement expressifs, sont deux meurtrissures un peu tremblantes. Même dans l'extrême beauté, ce visage non pas dessiné, mais plutôt sculpté dans le lisse et le friable, c'est-à-dire à la fois parfait et éphémère, rejoint la face farineuse de Charlot, ses yeux de végétal sombre, son visage de totem.

« La tentation du masque total (le masque antique, par exemple) implique peut-être moins le terme du secret (ce qui est le cas des demi-masques italiens) que celui d'un archétype du visage humain... C'est ce qui explique que son visage soit presque désexué, sans être pour autant douteux... Visage de neige et de solitude... Elle-même le savait : combien d'actrices ont consenti à laisser voir à la foule la maturation inquiétante de leur beauté. Elle, non : il ne fallait pas que l'essence se dégradât, il fallait que son visage n'eût jamais d'autre réalité que celle de sa perfection intellectuelle, plus encore que plastique. L'essence s'est peu à peu obscurcie, voilée progressivement de lunettes, de capelines et d'exils ; mais elle ne s'est jamais altérée.

« Pourtant, dans ce visage déifié, quelque chose de plus aigu qu'un masque se dessine : une sorte de rapport volontaire et donc humain entre la courbure des narines et l'arcade des sourcils, une fonction rare, individuelle[12]... »

La plupart de ceux – comédiens, critiques, metteurs en scène, écrivains – qui ont approché les beautés illustres dont est faite la gloire du cinéma reconnaissent à la Suédoise une primauté que le plus vaste public peut être tenté d'attribuer à quelque philtre technique, à quelque manipulation. Les témoins « en direct » attestent de son extrême naturel. On a cité Klaus Mann. On pourrait faire appel au témoignage de vingt autres, femmes et hommes confondus : sa beauté, en des lieux où cette vertu était chose commune, saisissait.

Mais si persuadé que l'on soit de cette évidence, on ne saurait négliger deux données qui ont leur part dans ce « miracle », l'une qui ne dut rien qu'à la nature et relève du don, l'autre qui doit être rapportée à ce que l'usine de Hollywood avait, compte tenu de ses tares et de sa brutalité, d'efficace et même de bénéfique.

S'agissant du caractère mystérieusement éloquent du visage de la « Divine », il faut citer deux spécialistes. L'un, le célèbre chef-opérateur Nestor Almendros, qui n'eut jamais directement affaire à elle, considère son «cas» en grand professionnel; l'autre est l'expert par excellence, l'homme qui braqua le plus souvent sa caméra sur le visage fameux, non sans amour dit-on, et avec l'agrément enthousiaste de l'intéressée : William Daniels, qui, de *La Tentatrice* à *Ninotchka*, n'a cessé de sculpter la face de Garbo.

Nestor Almendros : «La photographie est une question de structure osseuse. Garbo avait un visage structuré, un nez développé, de hautes pommettes, des sourcils bien dessinés et de splendides mâchoires. Ce qui permettait à la lumière de s'accrocher et de créer un jeu d'ombres. Sur un visage plat, la lumière ne sait où tomber...» On aime que ce spécialiste ait accordé ici le mot de «splendide» aux seules mâchoires de la Divine, plutôt qu'aux cils ou à la bouche en forme de poignard malais. Les experts ont de ces trouvailles...

William Daniels : «Je n'ai pas créé "un visage de Garbo". Je n'ai fait que dessiner des portraits d'elle comme je l'aurais fait pour quelque star que ce soit. Je l'éclairais différemment selon les scènes. Mais je n'ai jamais, comme on l'a dit souvent, privilégié un de ses profils, laissant l'autre dans l'ombre. [...] Ma caméra plongeait dans ses yeux, pour y voir ce qui y était. Garbo avait des cils très longs, et en faisant plonger ma caméra je créais des ombres sur ses joues. Ce devint une sorte de marque de fabrique, de ma part ! Mais je tiens à préciser que ses cils étaient vrais. Beaucoup de stars se sont affublées de faux cils et ont demandé aux opérateurs de les éclairer de la même façon : le résultat n'est pas le même... »

Mais cet homme très sensible et intelligent ne nous mène pas là au cœur du mystère Garbo, que présente mieux – heureusement sans le dévoiler – son metteur en scène le plus constant et le plus fidèle, Clarence Brown, qui réalisa six films avec elle, de *La Chair et le Diable* à *Marie Walewska*. Écoutons-le :

« Garbo avait quelque chose derrière les yeux que vous ne pouviez voir jusqu'à ce qu'elle soit photographiée en *close-up*... Elle ne jouait que pour la caméra, et quelque chose d'étrange se passait. Elle jouait la scène. Très bien. On la répétait. Mieux. Mais... Mais quoi ? Alors on passait le *rush* : et sur l'écran, tout y était. On voyait sur le film ce qu'on n'avait pas vu tout à fait en réalité. Entre elle, la pellicule et l'écran, un accord inexplicable se faisait – un rapport mystérieux... »

L'envoûtement provoqué par Garbo ne tient évidemment pas à ces noces magiques entre une face, la lumière et l'émulsion du film. Progressivement, de film en film, l'art de transmettre les émotions s'affinera et prendra le dessus sur cette alchimie spontanée des traits, du masque, de la peau et des appareils. Mais, compte tenu de l'économie des gestes et des mimiques, l'efficacité de la projection des passions sur l'écran tient chez Garbo à ce quelque chose qui ne saurait se définir et qui émane d'un vers de Nerval, d'un prélude de Debussy.

Enchantement purement naturel ? Ou soigneusement retravaillé, organisé, reconstruit ? Le visage de Garbo est-il un lac de montagne ou une très savante architecture, un chef-d'œuvre des studios de la Metro-Goldwyn-Mayer ? Dans un essai très ingénieux qui sert de préface à un splendide album de photos de Garbo publié par Schirmer-Mosel en 1985, l'esthéticien munichois Klaus-Jürgen Sembach propose une histoire du visage de la Divine, à partir de son arrivée à Hollywood, qui fait penser à un récit de la construction de pyramides par Imhotep ou du château de Versailles par Mansart.

Pour qui a en mémoire le visage pré-hollywoodien de Garbo tel qu'il apparaît dans ses deux films européens ou dans les photos prises par Arnold Genthe en juillet 1925 à New York, la description qu'on va lire paraît à la fois excessive et suggestive. Après tout, ce qui compte dans ce visage, c'est, comme le soutenait plus haut Almendros, la structure, l'architecture osseuse. Pour ce qui est du reste, laissons parler le savant (trop savant ?) Dr Sembach : « Chez Metro-Goldwyn-Mayer tout fut mis en œuvre pour procéder à l'une des transformations les plus étonnantes encore jamais vues. La jeune fille naturelle que montrent encore les premières photos américaines fut soumise à une métamorphose qui frise l'aventure, et la technique de maquillage, déjà fort développée à l'époque, servit à faire, d'une innocente au cœur pur, une séductrice au regard sombre…

« Une correction de la naissance des cheveux fit apparaître le front plus haut et donna au visage une expression plus intelligente et plus expérimentée. Pour cacher les incisives trop grandes, on ne la photographia que la bouche fermée[13]. Une couche inhabituellement épaisse de maquillage couvrait toutes les irrégularités de la peau et la fit ressembler à de la porcelaine. Le plus grand soin fut, toutefois, consacré aux yeux. Ce n'est que lorsqu'ils eurent, grands et lourds, en quelque sorte jeté l'ancre sur le lac du visage que celui-ci devint calme, concentré et expressif...

« Certes, les yeux de Greta Garbo ont toujours été ce qu'il y a de plus beau dans son visage ; mais ce n'est qu'en les soulignant et en allongeant extraordinairement les cils qu'ils devinrent des points fixes que le public put à chaque moment reconnaître. Consciente de ce capital, l'industrie cinématographique n'a pas hésité à le varier à l'infini... Les yeux de Greta Garbo furent légèrement transformés. La gamme des expressions allait du pervers à l'intellectuel...

« Une fois les yeux formés, la tête entière parut sculptée. Le front, le nez, les joues semblent également dotés d'une certaine rigidité ; sous le maquillage et l'éclairage, la chair mortelle semble se transformer en une matière de consistance immuable. La bouche – au départ amincie, par la suite plus charnue – donne le contrepoids nécessaire aux yeux ; afin de ne pas troubler l'impression de calme, les cheveux sont tirés en arrière ou souvent cachés sous des coiffures. La sculpture est achevée, le produit terminé… »

Vraiment ? Attachée, il est vrai, à mettre en lumière le personnage de son héroïne, Karen Swenson soutient pour sa part que, compte tenu des trouvailles d'angle et d'éclairage dues à Bill Daniels, « son image était entièrement naturelle » et que sa « luminescence sur l'écran n'était pas l'effet d'un charisme divin » mais devait quelque chose à un maquillage très classique de Max Factor, Silverston n° 2, auquel recouraient beaucoup d'acteurs des deux sexes.

Qu'on ajoute ou non crédit à la description du « produit Garbo » par le Dr Sembach, il est clair qu'une équipe fut formée par les studios de la Metro pour peaufiner l'image de l'actrice conduite vers eux et vers la gloire, en 1925, par Mauritz Stiller. S'il est facile d'énoncer le générique des cinq ou six personnages qui ont conduit sa carrière d'actrice, il est beaucoup plus difficile de citer ceux qui ont façonné son visage, au dire de Hans-Jurgen Sembach. Lui-même ne se risque d'ailleurs pas à cette recherche.

Évoquer une équipe, indépendamment des metteurs en scène (Clarence Brown fut, entre eux, le plus souvent associé au travail de Garbo), c'est d'abord braquer le projecteur sur Irving Thalberg, qui fut probablement, de 1925 à 1936 – date de sa mort, à quarante ans –, l'homme de cinéma par excellence de Hollywood, celui qui combinait en lui un sens des affaires assez aigu pour ne pas décourager le *mogul* Louis B. Mayer et une ambition artistique capable de séduire von Stroheim et Feyder, Lubitsch et King Vidor. C'est sous son égide – bien que Mayer, tout inculte qu'il fût, et brutal, eût un coup d'œil de maître et fût lui-même dépendant d'un financier suprême, Nicholas Schenck, qui pouvait le briser – que furent montés les meilleurs films de Garbo. Thalberg devait mourir au cours du montage de *Camille* (*Le Roman de Marguerite Gautier*) qui est en quelque sorte son chant du cygne.

Très impliqués aussi dans la *Garbo saga* sont l'opérateur Bill Daniels, on l'a vu, le directeur artistique Cedric Gibbons, le couturier Adrian, pour ne pas parler de la scénariste Salka Viertel qu'on retrouvera à divers titres. Mais si la liste de ces personnages clés est facile à dresser, il faudrait se plonger dans les archives des studios pour savoir si une miss Young fut la maquilleuse du *Baiser* ou un Mr. Brown l'ingénieur du son de *La Reine Christine*.

Garbo au travail... Une des meilleures évocations de ses vertus professionnelles est due à Jacques Feyder, le grand cinéaste belge, mari de Françoise Rosay, qui fut son ami et la dirigea en 1930 dans son dernier film muet, *Le Baiser,* en un temps où l'un et l'autre avaient la sensation que l'avènement du parlant était en train de tuer un art spécifique au bénéfice d'un trouble succédané du théâtre. Qu'ils soient tous deux revenus de ce pronostic, et avec éclat, n'ôte rien à ce qu'a de suggestif le croquis de l'auteur de *La Kermesse héroïque* :

« Greta Garbo est l'exactitude même. A 9 heures tapant, la prise de vues étant absolument prête et chacun étant à son poste, comme il est de rigueur à Hollywood, et que le metteur en scène dise : "Allez prévenir miss Garbo que nous sommes prêts – Je suis là", fait une voix grave. Et c'est elle. On ne sait pas comment elle est entrée sur le plateau, par quelle porte dérobée elle s'est faufilée, mais toujours est-il qu'elle est coiffée, maquillée, a revêtu la robe correspondant au numéro envisagé et connaît parfaitement son texte.

« Le travail se déroule sans heurts, rapide et presque silencieux, avec une grande actrice, patiente, adroite, inquiète, admirablement douée d'un tempérament dramatique très personnel et de qualités plastiques exceptionnelles. C'est un enchantement pour le metteur en scène. En revanche, à 6 heures précises*, même si une prise de vues est commencée ou pourrait se terminer dans cinq minutes, elle vous montre la pendule du doigt avec un sourire de regret et disparaît.

« Greta Garbo n'est presque jamais satisfaite de son travail, elle est très sévère pour elle-même... Elle n'assiste jamais à la projection des scènes représen-

---

* D'autres, et d'abord Clarence Brown, disent 5 heures. Plus vraisemblablement : c'est l'heure du thé, et la fin de la journée de huit heures...

tant le travail de la veille et qui a lieu chaque jour devant les collaborateurs du film[14]. Même quand le film est assemblé, elle n'assiste pas à la première en public.

« Quelques jours après seulement, elle se glisse toute seule dans l'obscurité, l'après-midi, dans un cinéma de quartier, s'assied parmi la foule aux places populaires et ressort avant que la lumière soit rallumée, ajustant ses lunettes bleues[15]... »

Son dernier film muet... A la fin des années vingt, *Le Chanteur de jazz* d'Al Jolson a fait chavirer Hollywood. Le parlant est là. Irrésistible. Un vieux routier comme Clarence Brown y voit « l'invasion par Hollywood de types qui, venus des scènes de Broadway, croient avoir à nous apprendre un métier que nous connaissons et qu'ils vont corrompre... » C'est, on l'a dit, le point de vue de Garbo et de Feyder, lesquels, tournant *Le Baiser*, ont la sensation d'être réfugiés sur une île merveilleuse bientôt submergée par la marée montante.

Greta se dit angoissée par la forme nouvelle qu'a pris cet art sur lequel elle règne. Elle parle un anglais courant, mais rude et malhabile. Sur les plateaux, elle a remplacé le suédois qu'elle parlait au cours de ses deux premiers films (on ne sait si Antonio Moreno lui donnait la réplique en espagnol...) tantôt par l'allemand qu'elle connaît bien, tantôt par un américain très familier qu'elle doit à John Gilbert : c'est Mercedes de Acosta, on le verra, qui vers le milieu des années trente fera d'elle une anglophone très honorable.

Les producteurs hollywoodiens se félicitent de l'avènement du parlant pour mille raisons, dont celle-ci : il va leur permettre de réexaminer les contrats des grandes vedettes, trop onéreux à leurs yeux depuis que la Grande Dépression raréfie les publics. Quelques têtes tomberont, et les nouvelles stars, venues du théâtre, seront soumises à des conditions plus strictes que celles des Gilbert, des Talmadge et des Pola Negri...

La Divine – l'adjectif s'est imposé depuis qu'elle a tourné, en 1928, *The Divine Woman*, plus ou moins inspiré de la vie de Sarah Bernhardt – ne cache pas sa réserve. A la presse, elle laisse entendre qu'elle tournerait bien dans un *talkie* si elle en avait vu un bon... Ce qui, jusqu'alors, assure-t-elle, n'est pas le cas. On murmure pourtant qu'elle vient de répéter devant les caméras et les micros de la MGM trois scènes : en allemand le monologue de Marguerite dans *Faust* ; en suédois celui de Solveig dans *Peer Gynt* ; et la scène de la folie d'Ophélie, en anglais. Ce qui s'appelle prendre ses précautions...

C'est Irving Thalberg qui prendra l'initiative : l'achat des droits d'une pièce de Eugene O'Neill, *Anna Christie*, dont l'héroïne est une Suédoise. La question de l'accent ne se posera donc plus ; et pour achever de convaincre Greta, Thalberg propose à Victor Sjöström, dont elle est la compatriote, l'admiratrice et l'amie, de la diriger dans cette épreuve. Mais l'auteur de *La Charrette fantôme* ne peut se libérer à temps, et c'est le rassurant Clarence Brown qui est désigné pour veiller sur les débuts de Garbo dans le champ sonore.

Si fort qu'elle doute d'elle en général, Greta ne craint pas trop pour sa voix, qu'elle sait belle et grave, comme celle des actrices suédoises qu'elle admirait et imitait naguère, Tore Teje ou Naima Wifstrand, du temps où elle suivait les cours de l'Académie de Stockholm. Fred Niblo disait joliment de son interprète de *La Tentatrice* : « Une blonde avec une voix de brune. » Sa blondeur a enchanté le monde. Que fera sa voix ?

L'épreuve se déroule le 14 octobre 1929. Devant le bon Clarence Brown, sa partenaire Marie Dressler (ancienne interprète de Chaplin) et l'ingénieur du son Gavin Burns, Anna Christofferson, dite « Christie », fille à matelots, entre dans un bar des quais de l'East River. L'air battu, excédé, elle lance au garçon : « *Give me a whisky, ginger ale on the side... and don't be stingy, baby* » (« Donne moi un whisky, avec un *ginger ale* à côté – et sois pas radin, petit... »). Brown, Dressler et Burns se regardent, enchantés : la voix « brune » passe à merveille. *OK for the sound...*

Racontant la première et l'attente émue du public – Garbo n'apparaît qu'à la seizième minute du film –, Bette Davis, encore à l'orée de sa grande carrière, ne peut cacher l'émotion et la joie qu'alors elle éprouva : « Elle avait exactement la voix que nous espérions tous qu'elle aurait… Aussi belle, aussi noble que son visage… » Voilà au moins une rivale qui ne ménage pas son enthousiasme.

Satisfaite d'elle, Garbo ? C'est mal la connaître. Soulagée simplement d'avoir franchi un obstacle, de ne pas avoir échoué. Au surplus, elle n'aimait pas le film, non parce qu'elle y jouait une fois de plus une putain, mais parce que ces Suédois décrits par l'Irlandais O'Neill étaient de vraies brutes, et qu'au surplus la mer, qu'elle aimait tant, y faisait figure de piège infernal…

Garbo talks ! Les agents de publicité de la MGM eurent moins de mal à promouvoir *Anna Christie* que naguère à inventer le slogan de « Norma Shearer suédoise ». Le triomphe à travers les États-Unis fut immédiat, aussi sonore que le film. Il y eut aussi des dissonances : dans un très bel article du *New York Times*, Pierre de Rohan déplorait que le cinéma parlant ait fait « de l'indescriptible enchanteresse une excellente actrice… qui a substitué les mots aux gestes et les sons aux symboles ».

Belle épitaphe pour le cinéma muet, art plus autonome que le parlant, qui allait devenir une colonie du théâtre (comme lui-même l'avait été de la peinture, du mime et des ombres chinoises…). Mais d'autres mots viendraient, moins médiocres que ceux du mélodrame aquatique de Eugene O'Neill (le beau-père de Charlie Chaplin).

Comment ne pas succomber déjà à cet enchantement nouveau, à cette voix de contralto aux harmoniques souterraines, à cette voix de velours bleu de nuit où Anita Loos croyait entendre une corne de brume sur la mer Baltique, où le paradoxe de Garbo – blancheur innocente corrodée par le noir désir, aube radieuse flagellée d'orages nocturnes – s'exaltait entre son et lumière, entre l'ombre et l'aurore.

La voix que Maria Callas prêtera bientôt à Médée et à lady Macbeth s'engouffrait dans le monde des images, porteuse de passions sans merci, jetant sur cette lumière une ombre intime et impérieuse*.

« La voix que nous espérions qu'elle aurait... »

---

* Les admirateurs de Garbo qui vivaient dans la province française, où ses films n'étaient distribués que doublés, eurent la consolation de l'entendre par la voix, très belle et très parente, de Claude Marcy, actrice dont je serais bien incapable de décrire la carrière.

Un personnage en quête d'auteurs

Voici Garbo à vingt-cinq ans. Au pouvoir d'un visage céleste, poli comme un bas-relief de la Vallée des Reines, tel qu'il convient à une divinité reconnue, s'ajoute désormais celui d'une voix chargée de douleurs et d'orages, imposant l'alternance du séraphique au maléfique. Et de film en film, l'apprentie formée par Stiller et Pabst, manipulée par Niblo ou Goulding, façonnée par Brown, Sjöström et Feyder, est devenue une comédienne et travaille patiemment à devenir une grande actrice.

Bientôt viendront, pour parfaire cet art, des artistes comme Mamoulian, Cukor ou Lubitsch. Mais en attendant, ne négligeons pas le rôle joué, auprès d'elle, par Clarence Brown – qui l'a déjà dirigée dans *La Chair et le Diable*, *Intrigues* et *Anna Christie*. Le personnage était un peu terne et n'a jamais acquis un style original. Mais ce qu'il a dit ou écrit de ses rapports avec Garbo, de leur complicité douce, de cette direction « murmurée » (*whispered*) et comme telle inspirante, incite à lui attribuer une importance majeure dans la conquête, par la Suédoise, de la maîtrise de son métier.

Le cinéaste Brown vaut mieux à coup sûr que sa réputation de bon artisan. On a mis l'accent sur quelques trouvailles de *La Chair et le Diable* (le montage du duel, la scène du calice…). On évoquera bien entendu l'admirable apparition d'Anna Karénine dans le nuage de vapeur de la gare de Moscou. L'homme qui a signé cela n'était pas le médiocre tâcheron qu'on a dit. Et il n'est pas jusqu'à *Marie Walewska* où l'on ne trouve des éclairs de talent.

Mais ce n'est pas tant du côté de la direction de jeu que Greta Garbo est en manque. Trop tôt séparée de Stiller, elle n'a pas trouvé, comme d'autres, son Sternberg ou son Fellini. La belle affaire… Elle rencontrera bientôt Lubitsch, faute de Stroheim ou de Renoir. Mais ce qui, au début des années trente et de l'ère du parlant, marque cette carrière enchantée d'un signe de frustration, sinon d'échec, c'est le désert d'idées et de textes dans lequel elle se meut.

Il est vrai que de grandes carrières d'acteurs et de comédiennes se sont déroulées longtemps en marge des chefs-d'œuvre, que Sarah Bernhardt a moins joué Racine que Sardou, et la Duse plus souvent d'Annunzio que Shakespeare. Mais les moins bons d'entre les dramaturges en question avaient plus de verve et de suc que les conteurs et les paroliers que Hollywood chargeait de faire bouger ou parler ses stars – à quelques exceptions près, dont profitera la Garbo de la maturité.

Qui feuillette ses *press books* de la fin des années vingt est frappé – sinon surpris... – par une litanie de lamentations : comment une si grande actrice peut-elle se débattre dans des rôles si vides, avec des textes si plats, au milieu d'intrigues si conventionnelles impliquant de tels personnages !

Tenons-nous en à la période 1928-1932, qui va de *La Femme divine* à *Courtisane*. Ce ne sont que lamentations dans la critique. A propos de *Love* (première adaptation, pour Greta, d'*Anna Karénine*), on lit ceci : « Comment peut-on sauver, comme le fait Miss Garbo, un tel texte, une telle interprétation, une si pauvre direction ? » (*Motion Picture*) ; « Une actrice peut-elle surmonter le handicap du rôle et du texte qui lui sont offerts ? » (Norbert Lusk, de *Picture Play*, à propos de l'*Inspiratrice*) ; « Quel regret de la trouver aux prises avec un tel texte, si sommairement écrit, et dans des scènes si maladroitement bâties... » (Mordaunt Hall, dans le *New York Times,* à propos de *Courtisane*). Et pour ce qui est du *Droit d'aimer*, Pare Lorentz, louant le « beau travail » de la Suédoise, conclut que la meilleure qualité de ce film, c'est d'« être muet »...

Convenons que, du temps même où elle bénéficiait de la tutelle du cher « Mojé », Greta avait tourné dans des navets aussi solennels que *Torrents* ou *La Tentatrice*. *Courtisane* n'était pas pire, et son rôle dans *Intrigues*, celui de l'audacieuse Diana Merrick, est à coup sûr beaucoup plus intéressant. Mais le fait est qu'au fur et à mesure qu'elle s'avançait vers la maîtrise de son art, saluée en cet effort par la quasi-totalité des professionnels, Garbo semblait s'enfoncer dans un irrémédiable marécage de vulgarité ou d'insanités.

Son irruption dans le cinéma parlant – jusqu'en 1932 en tout cas – ne modifie pas les données du problème. La voix de braise ne prononce que de frémissantes banalités, et si fort que l'on soit ému par telle inflexion de la Gruchinskaya dans *Grand Hôtel*, par la marche à la mort de *Mata Hari*, on se prend toujours à rêver de voir cette divine personne aux prises avec un personnage digne de ce nom.

Il faut certes avoir l'œil torve, l'âme mauvaise et une culture à éclipses pour écrire les lignes consacrées à Greta Garbo dans l'*Histoire du cinéma* publiée en 1934 par Maurice Bardèche et Robert Brasillach : « Greta Garbo, ce modèle de vamp [!], nous est souvent apparue comme une petite institutrice compliquée et prétentieuse... On aimerait la voir entre les mains d'un bon metteur en scène qui sache utiliser ces yeux voilés, ce visage sournois et triste... Mais Greta Garbo joue dans des films exécrables[16]... »

Entre mille grâces, miss Garbo aura reçu celle de compter au nombre de ses détracteurs ces deux écrivains que sa grâce si parfaitement « aryenne » de Suédoise aurait dû conquérir, comme elle séduisit, dit-on, Adolf Hitler leur inspirateur... Films « exécrables », *La Rue sans joie*, *La Chair et le Diable*, *La Reine Christine*[17] ? Mauvais metteurs en scène, Stiller,

Pabst, Sjöström ou Feyder? La carrière de Garbo, jusqu'alors, peut donner prise à des déplorations. Encore faudrait-il qu'elles ne soient pas insanes.

Il reste que « Flicka » est toujours en attente d'un auteur, d'un beau texte, d'un grand rôle, d'un autre mentor.

Qui alors l'entoure, l'encourage, la conseille? Elle déteste toujours Hollywood mais des vacances en Suède, en 1929, l'ont détendue. Elle vit désormais dans une maison d'une dizaine de pièces, 1027, Chevy Chase Drive. Seule et recevant peu. Quelques mois plus tôt, à la fin de 1927, elle a accordé à Ruth Biery de *Photoplay* une interview qui, dévoilant plus qu'elle n'eût souhaité de sa vie familiale et intime, a contribué à briser des tabous et assaini quelque peu ses rapports avec le public – sinon avec la presse. Engagé pour s'occuper de ses affaires, de ses contrats surtout, et de son « image », un agent de publicité de la MGM, Harry Edington, simplifie sa vie.

Elle a définitivement rompu avec « Jack » Gilbert, esquissé en Suède un flirt avec le jeune Sörensen, ami du prince héritier qui lui-même ne cache pas le faible qu'il éprouve pour la plus envoûtante de ses compatriotes – au grand scandale de la cour –, et établi un certain équilibre dans sa vie – si l'on peut qualifier ainsi un passage de l'univers des hommes à celui des femmes.

La sexualité de Greta Garbo est un sujet amplement commenté et débattu, ne serait-ce qu'en raison de son ambiguïté. Qu'elle fût plutôt frigide ne semble pas discutable. Qu'elle ait eu des amants ne semble pas faire de doute : très vraisemblablement Stiller, bisexuel comme le seront quelques autres de ses amis (« *What kind of sailor are you ?* », « quel type de marin êtes-vous ? » était une question qu'elle posait volontiers à ses partenaires...), et assurément John Gilbert, qui ne dut pas se contenter, ce tumultueux, des étreintes dont Clarence Brown fut le témoin effaré sur le plateau de *La Chair et le Diable*.

On l'a décrite très proche de George Brent, son partenaire de *Terre de volupté* ; de Rouben Mamoulian, metteur en scène de *La Reine Christine* ; d'Erich Maria Remarque, assez peu gentleman pour comparer les plaisirs pris successivement avec Marlène Dietrich (dite « Puma ») et Greta Garbo ; de Cecil Beaton – que l'on retrouvera –, de Gayelord Hauser, Leopold Stokowski, George Schlee, plusieurs d'entre eux ayant la réputation bien établie de préférer aux femmes les personnes de leur sexe. Greta, qui parlait souvent d'elle-même comme d'un homme (« *I am a bachelor* », mot qui, en anglais, ne s'applique qu'aux célibataires masculins), se sentait peut-être mieux accordée à ce type d'hommes.

Cette androgyne aimait-elle surtout les femmes, ou *aussi* les femmes ? On a dit que ces années-là sont celles où, après l'aventure avec Gilbert (dont la virilité n'était apparemment pas des plus délicates...), elle semble préférer la compagnie, sinon l'amour des dames. Si ce fut le cas, on ne saurait parler de révélation californienne : on lui prêtait, à Stockholm, des amies tendres. Prêtait ? Peut-être ne fit-on rien d'autre, à Hollywood. Mais le milieu était propice.

La principale responsable de cette légende fut à coup sûr Mercedes de Acosta, issue d'une famille d'Espagnols exilés aux États-Unis et qui se disaient descendants du duc d'Albe. Née en 1893, c'était un petit bout de femme, mince, élégante : l'une de ses trois sœurs (on les appelait à Paris « les sœurs Karamazov ») était une styliste réputée. Volubile, cultivée, Mercedes prétendait connaître le monde entier. Ses *Mémoires*, intitulés *Here Lies the Heart* (*Ci-gît le cœur*), crépitent de noms célèbres. A l'en croire, – et rien n'interdit de le faire –, elle connut Rodin et Sarah Bernhardt, Unamuno et Eleonora Duse, Cocteau et Isadora Duncan, Nijinski et Picasso, Matisse et Ezra Pound. Amie de Khalil Gibran, l'auteur du *Prophète*, elle lui devait la découverte de Krishnamurti, de la *Bhagavad-Gîtâ* et de la philosophie hindoue. Elle se piquait de panthéisme, prônait le végétarisme et militait pour le féminisme.

Lesbienne déclarée, elle afficha, dès son arrivée à Hollywood, sa passion pour Greta Garbo (que devait suivre une liaison, non moins publique, avec Marlène Dietrich...). Non sans tenir compte de son travers de collectionneuse, on peut accorder quelque crédit à l'évocation, assez émouvante, qu'elle fait de sa relation avec la Suédoise.

Le plus remarquable chapitre de *Here Lies the Heart* est consacré à des vacances passées par les deux femmes dans une île de la Sierra Nevada émergeant du Silver Lake. Six semaines d'un tête-à-tête enchanté au cours duquel Mercedes affirme avoir « ri plus que je n'ai ri de toute ma vie » avec une créature en accord absolu avec les éléments, la vraie déesse scandinave. Les photos qui illustrent ce chapitre font voir en Greta une sirène musclée, brûlée par le soleil, les cheveux fous, irradiant le bonheur. En tout cas, la conclusion de ce récit naturiste est assez belle. Garbo y est décrite comme une semi-déesse nordique « agitée par un rêve de neige[18] ».

Mercedes de Acosta se vit rejetée par Greta Garbo après la publication de son livre qui, pour être pudique en matière de sexe, n'en exaltait pas moins une intimité – acte de transgression aux yeux de la comédienne. Leur tentative de collaboration professionnelle avait été un échec : une *Jeanne d'Arc*, rédigée par Mercedes – « Jehanne », croit bon d'écrire cette dame –, que Greta rêva d'interpréter. Les maîtres de la Metro-Goldwyn y mirent le holà : Garbo en homme, les cheveux courts, sans maquillage : n'êtes-vous pas folle ? (Le projet reviendra à l'ordre du jour, quinze ans plus tard en Europe, nous le verrons...)

Mieux que cette collectionneuse hystérique, un autre personnage de femme était intervenu peu auparavant dans la vie personnelle et professionnelle de Greta Garbo. Ceux qui voulaient alors rencontrer, charmer, convaincre la Suédoise après sa rupture avec Gilbert savaient qu'ils devaient être approuvés par Salka Viertel. On ne saurait apprécier l'orientation de la carrière de Garbo, les choix qu'elle fit ou parut faire, l'évolution de ses idées et de ses relations, si l'on négligeait « le salon des Viertel » et d'abord celle qui en était l'âme et allait passer pour la conscience de Greta.

Salomé Sarah Steuermann, dite « Salka », était née en 1889 dans une famille de propriétaires terriens juifs de Galicie. Après des études théâtrales à Vienne, elle était entrée dans la troupe de Max Reinhardt à Berlin et y avait rencontré Berthold Viertel, metteur en scène et dramaturge, épousé en 1918, et dont elle eut trois fils (le deuxième, Peter, sera plus ou moins associé à la carrière de Garbo). La compagnie qu'ils avaient fondée en 1923, Die Truppe, ne pouvant survivre, Berthold fut heureux d'accepter du grand Murnau l'offre de venir travailler pour lui à Hollywood.

Salka et Berthold Viertel, installés à Santa Monica en 1928, y créèrent au 165, Mabery Road, un foyer d'artistes et d'intellectuels européens sans rival en Californie, sinon aux États-Unis. A partir de 1933 surtout, et de l'instauration du nazisme, c'est là que se retrouvaient la plupart de ceux qui fuyaient ou que chassait le IIIe Reich, juifs ou non, et beaucoup de ceux qui souhaitaient retrouver en Californie un parfum de culture européenne, comme

Jacques Feyder ou Aldous Huxley. On en vint à parler, à propos du salon des Viertel, d'un « nouveau Weimar »...

Dans cette maison, racontent plusieurs témoins, vous croisiez dans l'entrée Arnold Schönberg. Dans le salon, au piano, Arthur Rubinstein faisait des gammes ; dans le petit studio, Garbo travaillait avec Lubitsch. Et si vous poussiez jusqu'à la cuisine, le type qui préparait la soupe, c'était Bertolt Brecht...

Salka Viertel, progressivement détachée de sa carrière d'actrice, devint une sorte de « mère Courage » de la culture européenne à Hollywood. Bonne cuisinière, admirable maîtresse de maison, sachant mettre en valeur le génie de chacun et d'abord celui de Berthold, brillant commentateur des relations internationales, elle fut dans les années trente l'hôtesse par excellence, et d'abord celle de Greta Garbo.

C'est, semble-t-il, chez un familier des Viertel, le Berlinois Ernst Lubitsch, que Salka rencontra pour la première fois Greta, après la rupture avec Gilbert et avant l'épreuve du parlant. Jacques Feyder servit d'intermédiaire : sous sa direction, Salka fut la partenaire de Greta (interprétant, dans la version allemande d'*Anna Christie*, le rôle d'abord joué par Marie Dressler). Est-ce cette écrasante confrontation qui poussa Salka Viertel à abandonner le cinéma ? En tout cas, la Polonaise fut immédiatement séduite par la simplicité, la netteté de la Suédoise, l'acuité de ses jugements, et d'abord de ceux qu'elle portait sur ses propres films. L'amitié la plus solide et la plus fertile de la vie de Garbo venait de se nouer.

Ambiguë, elle aussi? Rien de ce qui a trait à Greta Garbo, en ce domaine, n'est évident. Salka elle-même est d'une discrétion absolue. Ses mémoires (*The Kindness of Strangers*) ne sont aucunement marqués, comme ceux de Mercedes de Acosta, par une quelconque tonalité saphique[19]. Et on lui attribua à cette époque plusieurs amants, dont Gottfried Reinhardt. D'autres parlent de Serge Eisenstein... Mais le milieu se prêtait à beaucoup de ragots, et la personnalité même de Garbo... On est pourtant en droit de parler ici d'une amitié classique, fondée sur des rapports professionnels, s'ils relevèrent aussi de l'ordre des sentiments.

A-t-on exagéré l'ascendant intellectuel exercé sur Greta par l'énergique, savante, très intelligente Salka? A-t-on abusivement fait d'elle une sorte de nouveau Stiller, arbitre des choix et des engagements de son amie? On ne saurait douter de l'influence qu'exerça la dame de Mabery Road sur les idées, les opinions, les goûts de sa trop célèbre protégée.

Elle l'engagea à coup sûr dans le courant de culture « libérale », dans le sens américain du mot, plutôt progressiste, qui dominait là, nourri d'antiracisme et d'un certain pacifisme (au moins jusqu'en 1936, la guerre d'Espagne et bientôt Munich imposant une attitude plus belliqueuse). Ce qui ne permet pas de faire de la Garbo de la fin des années trente une militante de l'antifascisme mais explique que, lisant le scénario de *Ninotchka*, elle l'ait trouvé un peu lourdement anticommuniste. On y reviendra...

Bref, quand la star des débuts du parlant se voit présenter un projet à partir de 1930, c'est semble-t-il en accord avec Salka Viertel qu'elle l'étudie. Ce qui, hélas, n'en assure pas la qualité : coup sur coup se succèdent *Romance* et *Inspiration* en 1930, *Mata Hari* et *Grand Hôtel* en 1932... Le parlant la traite d'abord aussi mal que le muet.

On veut bien retenir quelques beaux cris dans *Romance* (qu'a inspirée la vie de la cantatrice italienne Lina Cavalieri – après tout, Greta pouvait faire penser à une diva du bel canto, mieux qu'à un torero ou à un champion de boxe...) –, la belle marche à la mort de l'espionne batave, l'admirable scène de *Grand Hôtel* entre John Barrymore et la Gruchinskaya – ah ! ce *Leave me alone !* soupiré sur le ton d'un Chaliapine expirant...

Mais, Salka ou non, on est bien forcé de s'interroger sur la lucidité de cette actrice intelligente qui, amie de Feyder, de Lubitsch, se fait apparemment une assez haute idée de son art. A-t-elle abdiqué ? Est-elle résignée à une foncière imbécillité du cinéma, à la vocation strictement commerciale de cette industrie ? A la victoire définitive de Louis B. Mayer sur Irving Thalberg ?

Une dramaturge qui l'admire, Mary Cass Canfield, publie alors dans *Theatre Arts Monthly* une

« lettre à Garbo » qui sonne comme un ultimatum : « En jouant dans de tels films, miss Garbo, vous faites de votre carrière, avec tout votre talent, un superbe numéro de somnambulisme... Vous marchez dans votre sommeil. Réveillez-vous ! Car de telles performances vous interdisent de devenir la grande actrice qui est en vous ! »

Il n'est pas un ami de Garbo, alors, qui ne rapporte qu'elle-même porte le même jugement sur ses films. Depuis le temps où elle écrivait à un ami suédois, après la sortie de *Torrent*, qu'elle avait « honte » de ce travail et le priait de s'en excuser auprès des siens, elle reste la plus incisive critique de sa carrière : elle ne déteste pas seulement ses rôles, aussi ce qu'elle en fait.

Mais Salka Viertel ? Sa nouvelle protectrice est-elle aussi incapable de la sauver de la dictature du box-office que « Mojé », naguère, de lui épargner *Torrent* ou *La Tentatrice* ? Salka est au travail. Elle ne se contente pas de déplorer le tour « somnambulique » que prend la carrière de son amie : elle prépare, pour elle, des rôles dignes de son génie. Mais avant de lire le scénario de *La Reine Christine*, dont Salka veut faire l'instrument de son salut, Greta se voit donner par son ami Jacques Feyder (qui l'a déjà dirigée dans *Le Baiser* et dans une version allemande d'*Anna Christie*) l'occasion de redresser la barre : il a persuadé la Metro d'acheter les droits de *Comme tu me veux*, de Pirandello.

Voici enfin un texte à sa mesure, loin des Blasco Ibañez et des Vicki Baum. Elle l'interprétera sous la direction d'un homme de culture. Mieux encore : pour le rôle du démoniaque Karl Salter, l'actrice en quête de rachat suggère de faire appel à Erich von Stroheim, qu'elle admire autant comme acteur que comme metteur en scène. La MGM s'incline : l'affiche sera somptueuse ; Pirandello, Feyder, Garbo, Stroheim… Est-ce le grand réveil ?

Il faudra pourtant déchanter : l'histoire inventée par Pirandello est fondée comme d'habitude sur une énigme de nature à plonger le spectateur dans l'angoisse : qui est Sara, la chanteuse de cabaret amnésique que doit interpréter Garbo ? Ne serait-elle pas Maria, dont le comte Bruno se croit veuf ? De quoi laisser pantois les producteurs. Comment oseraient-ils déconcerter ainsi le public de l'Oregon ou du Nouveau-Mexique ? Ces gens-là veulent bien que Garbo s'enveloppe de mystère – mais pas ses films…

Feyder se refuse naturellement à toute « simplification » et quitte le plateau, remplacé par un certain George Fitzmaurice, qui d'ailleurs ne se prêtera pas davantage à la banalisation du grand dramaturge sicilien. Les fans de Garbo s'interrogeront jusqu'au bout sur son identité… Le film vaut surtout par le face-à-face Garbo-Stroheim, l'un des plus étonnants qu'ait provoqués le cinéma, qui ne tourne d'ailleurs pas à la confusion de la Suédoise. Mais si elle a pour une fois trouvé un auteur, ce n'est pas encore à cette occasion que miss Garbo échappera à son errance somnambulique…

La presse, déconcertée aussi bien par le nouveau « look » de Garbo – sa chanteuse de cabaret est coiffée d'un casque de boucles platinées comme la vamp à la mode, Jean Harlow – que par les maléfices pirandelliens, n'en salue pas moins sa performance et *Photoplay* suggère que « si c'est, comme on le dit, son dernier film, c'est un merveilleux chant du cygne ».

Son dernier film ? La rumeur court la ville – attisée par Greta et ses confidents. On sait à quel point elle est obsédée par l'« escapisme », par la hantise de s'éloigner de Hollywood, de « rentrer à la maison ». Mais en l'occurrence il s'agit moins de cela que de stratégie. Sa « révolution culturelle », décidée en accord avec Salka, doit prendre d'abord la forme d'une révolution économique. La fin du tournage de *Comme tu me veux* a coïncidé avec l'expiration du contrat qui la liait avec la Metro-Goldwyn-Mayer. D'où la rumeur de sa retraite…

En fait, cette fin de contrat a suscité une fureur de négociations enchevêtrées. Autour d'elle, les offres se multiplient, qu'elle ne décourage ni ne dément. Cette fille de pauvres est une rude « gagneuse », et le tout puissant Mr. Mayer va devoir négocier ferme. Elle a désormais une véritable ambition, un agent efficace, Harry Edington, des amis lucides, les Viertel, et un certain savoir-faire : elle laisse dire que son seul désir est de regagner l'Europe, où l'appelle d'ailleurs Max Reinhardt, impatient de lui faire jouer une pièce de son ami Hugo von Hoffmansthal à Vienne, et que son retour en Californie est problématique...

Moyennant quoi, la Divine fait plier Mayer sur toute la ligne. Elle aura désormais le droit de contrôle sur ses films, le choix du sujet, des scénaristes, du metteur en scène, des deux ou trois principaux interprètes, des dates et de la durée du tournage – et un salaire de deux cent cinquante mille dollars par film. Elle est désormais une maison de production à elle seule. La somnambule s'est réveillée. Commence l'ère des responsabilités...

... Par un long voyage de vacances en Europe – d'abord en Suède, où elle se découvre une nouvelle amie, la comtesse Wachtmeister, puis à Londres et à Paris où elle est affreusement traquée par la presse. Vacances ? Dans ses bagages, elle a glissé un manuscrit, celui de *La Reine Christine*, écrit par Salka Viertel, qui, dix ans après ses débuts, va lui permettre d'entamer sa vraie vie d'actrice.

Une vie résumée dès lors en quatre rôles qui lui permettront d'être comparée aux plus grandes actrices du siècle : Christine de Suède, Anna Karénine, Marguerite Gautier et Ninotchka...

La couronne de Christine

L'amitié n'est pas infaillible : c'est le fidèle Jacques Feyder qui avait entraîné Greta dans la nostalgique aventure du *Baiser*. Mais elle peut être inventive et lucide comme celle de Salka Viertel proposant à sa confidente, qui l'avait convaincue de délaisser son métier originel de comédienne pour se faire écrivain, le scénario d'un film sur la reine de Suède.

L'idée venait de loin. Dès l'époque où il s'était donné pour objectif de faire de Greta la plus grande actrice de son temps, Mauritz Stiller avait pensé pour elle à une interprétation de ce personnage flamboyant et en avait parlé à Irving Thalberg[20]. Et ce que savait Garbo de la reine célibataire et de son abdication du fait de cet « escapisme », l'une de ses propres hantises, était bien de nature à retenir son attention.

Dès avant son départ pour l'Europe, en juillet 1932, Greta avait étudié le projet avec Salka, avec tant de soin qu'au cours de son séjour en Suède, au cours de l'été et de l'automne, elle avait mené des recherches personnelles sur la reine, visitant avec soin le château royal d'Uppsala et la Bibliothèque nationale où sont conservés ses papiers. Elle avait même fait des croquis de costumes et de bâtiments qui firent d'elle, avant d'incarner la souveraine, une conseillère historique du film. Et tout au long du voyage, elle avait échangé à ce sujet une correspondance avec Salka, et avec Thalberg des télégrammes relatifs à la mise en scène et à l'interprétation – conformément au contrat qui lui donnait désormais un rôle prépondérant en ces matières.

Qui allait diriger, derrière la caméra, Christine ? Les noms les plus fameux étaient envisagés. Le grand Victor Sjöström fut, en tant que Suédois, le premier choix de l'actrice. Il n'était pas disponible. Lubitsch ? Garbo lui aurait volontiers confié l'entreprise : il était, avec Stroheim, le metteur en scène qu'elle admirait le plus. Mais la Paramount ne voulut pas le libérer. Il fut question de Sternberg, de Clarence Brown. Si Rouben Mamoulian fut choisi, à l'instigation de Garbo, c'est parce que ce Géorgien formé à l'école de Stanislavski était un homme de culture.

Quant à l'interprétation, Greta choisit les noms d'acteurs qu'elle aimait – Lewis Stone, C. Aubrey Smith – et, sensation, celui de John Gilbert, que les patrons de la MGM, comme le public, jugeaient « fini », ruiné par l'alcool et le « parlant » : sa voix passait mal. Ils auraient préféré faire débuter en Amérique, face à elle, un acteur anglais dont la réputation commençait à s'établir, Laurence Olivier. Mais miss Garbo imposa l'homme qu'elle avait aimé, pour lui donner une dernière chance. Générosité qui s'avéra malencontreuse, le pauvre Gilbert échouant tristement à relever le défi, mais qui n'en est pas moins à porter au crédit d'une femme dont on s'est acharné à dénoncer l'égoïsme et la sécheresse de cœur.

Quand débute, aux premiers jours d'août 1932, le tournage de *La Reine Christine*, Greta Garbo en sait plus long sur la souveraine qu'elle va incarner que sur aucune de ses héroïnes précédentes. C'est à vrai dire le premier personnage historique qu'elle ait abordé.

Non que Christine fût une figure très populaire en Suède : peut-être moins qu'en France où on l'admire d'avoir si bien lu et hébergé René Descartes, qui faisait grand cas d'elle*. Pour les Suédois, cette excentrique est éclipsée par son géant de père, le grand Gustave-Adolphe qui faillit, au temps de Richelieu, imposer le luthéranisme à l'Europe avant d'être tué sur le champ de bataille de Lützen en 1632. Le fait qu'elle ait préféré l'abdication au mariage au bout de dix années de règne effectif et abjuré la religion de son père pour se convertir au catholicisme à Rome où elle acheva sa vie ne contribue pas non plus à en faire une héroïne nationale.

---

* Mais peut-être pas au point d'être mort d'une fluxion de poitrine en sortant d'une nuit d'amour avec la reine – comme le racontait, avec plus de drôlerie que de conviction, François Mitterrand : c'était l'un de ses « morceaux » préférés.

Était-elle homosexuelle ? Bisexuelle ? Dotée d'une voix virile, d'une force et d'une énergie peu communes, portant des vêtements masculins, Christine n'eut semble-t-il qu'une véritable passion, celle qu'elle éprouva pour sa suivante Ebba Sparre, dont témoigne une correspondance éloquente. Autant de traits qui ne pouvaient manquer d'éveiller l'intérêt de Greta Garbo.

Pour toutes ces raisons – cadre suédois, histoire nationale, homosexualité, costumes masculins, choix des interprètes, et surtout de John Gilbert, et bientôt entente plus ou moins sentimentale avec son metteur en scène Rouben Mamoulian – *La Reine Christine* est le film « garbique » par excellence. Greta en a tourné de meilleurs (*Camille* et *Ninotchka* en tout cas), mais aucun ne la révèle et ne la décrit à ce point. S'il n'en fallait qu'un pour refléter son image à travers les millénaires à venir, c'est celui-là qu'il faudrait choisir. La femme du Nord, l'androgyne, la célibataire, l'enchanteresse, et même la pacifiste et la tolérante s'y manifestent dans tout leur éclat.

Prenons quelques scènes qui en disent long sur ces différents points. La jeune reine fait face aux grands, qui tous, y compris le sage chancelier Oxenstierna, l'incitent à poursuivre la guerre pour le triomphe du luthéranisme. Elle plaide pour la paix et la tolérance avec une fougue qui semble nourrie des propos qu'on tenait à cette époque dans le salon de Salka et Berthold Viertel.

Un peu plus tard paraît la fameuse Ebba Sparre. A cette femme aimée, Greta n'hésite pas à donner un baiser à peine moins passionné que celui qu'elle échangeait, en d'autres occurrences, avec Lew Ayres ou avec John Barrymore. La censure Hays voulut bien ne pas le remarquer. Par respect pour la vérité historique ? Les messieurs de la Metro-Goldwyn, rompus à ce genre de débats, ne l'ont point précisé. Ce qui est clair, c'est que, depuis la sortie de *Jeunes Filles en uniforme*, l'année précédente, le saphisme avait, si l'on peut dire, droit d'écran.

Troisième épisode. Dans son cabinet de travail, Christine, qui achève avec ravissement la lecture des *Femmes savantes*, cite tel propos de Molière sur les incongruités du mariage et, se retournant vers le chancelier venu la convaincre d'épouser son cousin Karl, riposte en riant « Je mourrai célibataire ! » – et c'est là qu'elle emploie, pour définir cet état, le mot très viril de *bachelor*, comme Greta le faisait elle-même dans l'intimité.

Enfin la séquence inoubliable. Dans la chambre d'auberge où le hasard les a réunis, Christine, vêtue en fringant cavalier, et l'ambassadeur d'Espagne (joué par Gilbert) s'apprêtent à se coucher. En bons compagnons ? Mais sur l'écran paraît une Garbo dont la chemise légère laisse pointer les seins, menus certes, mais bien réels (un critique à l'œil inquisiteur les comparera à de « petites poires »). L'air ahuri que prend le pauvre Gilbert (ancien amant mieux informé que nous à ce sujet) ne suffit pas à altérer la grâce de cet instant, l'exquis sourire de gêne et d'attente par quoi se manifeste la féminité la plus célébrée et la plus indécise. Alors culmine, en cette androgyne, la force érotique qui a troublé le monde.

La scène suivante, où l'on voit Garbo errer dans la chambre, après l'amour, caressant chaque objet comme pour s'imprégner de tout ce qui y fut mêlé, est justement célèbre. Mamoulian a raconté, en diverses interviews[21], comment il avait répété cette scène (dont il était fier) avec Garbo, au métronome. Il disait d'ailleurs de son interprète : « Ce n'est pas une actrice, c'est un instrument de musique… »

Est-ce cette intimité dans le travail qui conduisit Greta à esquisser avec le metteur en scène géorgien une liaison, peut-être platonique, qui prit la forme de diverses escapades et agita la presse pendant des mois ? L'homme était, depuis Stiller, le plus capable de faire mûrir ses ambitions nouvelles – d'épanouir en elle l'actrice digne de sa beauté. Mais comme celles de Christine, ces noces restèrent fugitives. Ils ne tourneront plus ensemble.

La Reine Christine, où Garbo déploie une gamme de talents encore inconnus chez elle, une autorité, un entrain, une vitalité, une gaieté même* où se mani-

* Son rire s'y déploie, très sonore, cinq ans avant celui, devenu fameux, de *Ninotchka*…

feste la joie des retrouvailles avec son pays, la neige, les gens simples, une libre sexualité, fut pour elle un triomphe, d'autant plus vif que sa retraite avait paru vraisemblable un an plus tôt.

Enfin contente d'elle, miss Garbo ? Ce serait mal la connaître. Elle ne peut certes se dissimuler les conquêtes artistiques qu'elle vient de faire, la maîtrise multiple qu'elle a su atteindre. Mais elle est très sensible aux réactions de ses compatriotes, aussi fâchés de la peinture qui est faite des Suédois contemporains de Christine que de ceux qui s'agitaient autour d'elle dans *Anna Christie* : des brutes ou des fanatiques...

« J'ai voulu mettre autant de Suède que possible dans ce film. Mais à Hollywood, rien de tel n'est possible. Ils commercialisent tout... », confiera plus tard Greta Garbo, très émue par les critiques émises dans son pays, surtout par les historiens – qui n'eurent pas de mal à relever les libertés que le scénario prenait avec les faits. Fallait-il tenir pour une injure faite au royaume et à la dynastie des Wasa le fait que Christine ait abdiqué par amour pour un Espagnol, plutôt qu'en raison de ses déséquilibres et de son dégoût pour le fanatisme luthérien ?

Bref, le triomphe personnel que remporte la nouvelle Garbo, celle qu'a éclairée l'amitié de Salka, celle qui a arraché à Mayer une quasi-autonomie artistique, celle qui a choisi de faire de l'envoûtement qu'elle exerce non une fin mais le moyen de son art – ce triomphe est tempéré par les amertumes suédoises.

Tempéré aussi par l'accueil réservé à *Christine* par l'Amérique profonde. Acclamé par la critique, applaudi à New York, reçu avec admiration en Europe, le film ennuya les bonnes gens de l'Idaho et du Wyoming. Les mésaventures de cette reine scandinave au temps où l'Amérique n'était qu'une colonie franco-britannique encore en attente des pèlerins du *Mayflower*, ces costumes et ces couronnes laissaient froids les fans de *Grand Hôtel*.

Au surplus, c'était l'époque où un sénateur nommé Dickstein déclenchait une campagne contre l'emploi des « acteurs étrangers » venus voler leur travail aux vrais Américains, et semer en ce pays vertueux les germes de l'immoralité. C'est tout juste si miss Garbo n'était pas accusée d'avoir détourné « Jack » Gilbert de sa bonne conduite...

Est-ce en raison du climat ainsi créé ? Des retombées décevantes de *La Reine Christine* ? Une sorte d'« à quoi bon ? » qui la conduit à accepter de tourner ensuite un « nanar » à la confiture, *Le Voile des illusions*. C'est, d'après un roman filandreux de Somerset Maugham – alors fort à la mode en Europe –, un mélo exotique que ne peut sauver l'apparition inoubliable de Greta dans un ensemble blanc orné de torsades, surmonté d'un turban de même : le comble de la beauté flottant sur le vide. Alors quoi, avoir déclenché cette révolution culturelle, c'était pour retomber dans cette flaque ?

Il lui faut prendre un nouvel élan.

Anna, surgie d'un nuage…

Sur le quai de la gare de Moscou, le comte Vronski, officier de la Garde impériale, attend sa mère, qui arrive de Saint-Pétersbourg. De la locomotive qui s'immobilise devant lui jaillit un nuage de fumée – d'où émerge, encadrée dans la porte d'un wagon, une forme féminine, irréelle d'abord, plus précise, lumineuse enfin. Jamais, fût-ce dans la dernière scène de *La Reine Christine*, Garbo n'avait affirmé, comme en cette vaporeuse apparition d'Anna Karénine, la force de son rayonnement. On a déjà tenté ici de contester la réputation de besogneux faite au metteur en scène Clarence Brown : une telle image devrait achever de sauver du mépris cet homme de talent.

On n'a fait qu'une brève allusion à l'adaptation du roman de Tolstoï réalisée en 1926 par Edmond Goulding[22], travail qui, à partir de l'un des plus beaux romans du monde, se réduit à une hâtive opération de mise en valeur du couple Gilbert-Garbo dont *La Chair et le Diable* vient de faire une légende vivante pour les magazines des cinq continents. Le titre de *Love* – substitué à celui, illustre, choisi par

Tolstoï! – est un cadeau fait aux publicitaires qui jouent à fond sur l'intimité du couple. Navrant. Goulding prouvera qu'il valait mieux que des « coups » de ce genre.

Greta n'avait pas attendu cette expérience pour aimer le livre de Tolstoï, dût-elle ne jamais en terminer la lecture : la scène du suicide l'épouvantait... Au moment où, neuf ans plus tard, elle a conquis son autonomie artistique, l'idée de reprendre le rôle d'Anna, ne serait-ce que pour faire oublier la douteuse opération de 1926, lui est naturellement venue.

Au début de 1935, Garbo, très consciente du faux pas qu'elle a commis avec *Le Voile des illusions*, est en quête d'une belle revanche. Un nouveau personnage est entré dans sa vie professionnelle, David Selznick, gendre de Louis Mayer, qui s'affirme à la MGM comme le rival de Thalberg et brûle de faire tourner la Divine. Mais d'autres projets sont dans l'air, notamment la *Jehanne d'Arc* que Mercedes de Acosta a écrite pour son amie, *Tendre est la nuit* de Scott Fitzgerald, la vie d'Isadora Duncan, voire celle de George Sand...

Salka Viertel tient pour *Anna Karénine*, dont elle a écrit une nouvelle adaptation. Greta est mûre maintenant pour incarner l'un des plus beaux personnages de la littérature mondiale, l'excellent George Cukor est prêt à diriger la mise en scène. Garbo a pris la décision de jouer *Anna* quand elle apprend que Selznick s'est pour sa part ravisé. Le relatif échec provincial de *Christine* plaide contre un nouveau film « en costumes », d'autant que l'acteur pressenti pour le rôle de Vronski, Fredric March, est las de jouer les personnages du passé. Bien pis, la censure est en transe : encore un adultère, une affaire d'enfant illégitime, un suicide… Selznick écrit à Garbo qu'il a pour elle un rôle admirable dans *Dark Victory*, alors joué sur une scène de New York : une aveugle, et chaste[23]…

Greta Garbo tient bon. Ce sera Karénine. Son contrat de 1932 en main, elle impose et le roman, et l'adaptatrice, Salka, et les acteurs – March, Rathbone, Reginald Owen –, et le metteur en scène, son cher Clarence Brown, le premier contact avec Cukor ayant été plutôt froid. Elle ne cède que sur un point : son amie Salka devra accepter une coscénariste, la dramaturge anglaise Clemence Dane, qui est une amie de Selznick. (Salka et Greta se demandèrent longtemps ce que Mrs. Dane était venue faire en cette aventure. Assurant qu'elle n'avait jamais eu, personnellement, d'« histoire d'amour », Clemence Dane déclarait « ne rien comprendre à Anna… Que veut-elle ? Elle a un mari influent, une brillante position sociale, un charmant enfant… Il est vrai qu'elle est russe, la pauvre[24]… ». Pour le salut du film, cette dame regagnera Londres, où des femmes telles qu'Anna ne sauraient exister…)

Anna Karénine fut tournée en six semaines, du 25 mars au début de mai 1935, par l'équipe type de la galaxie Garbo : Clarence Brown, Salka Viertel, S. N. Berhman, William Daniels, Cedric Gibbons,

Adrian… Seul nouveau venu, Fredric March, chargé d'interpréter Vronski. Ses relations avec la Divine – qui s'obstinait à l'appeler « Mr. March » – furent difficiles, en raison de la réputation de séducteur impénitent faite au comédien. On raconte qu'avant leurs scènes communes, Greta mâchait une gousse d'ail… On l'entendit plusieurs fois dire à son partenaire « Ne me regardez pas ainsi, Mr. March. »

On lit souvent qu'en tant qu'interprète de l'amant d'Anna, ce beau comédien est aussi médiocre que l'ont été et le seront la plupart des partenaires mâles de Garbo, tout juste bons à servir de faire-valoir. Il nous semble au contraire que la netteté un peu sèche de ce Vronski offre un très intelligent et savoureux contraste à la mélodieuse sensibilité de la Divine, à son vibrato très déployé. Le jeu un peu « rentré » de March, jugulant les effets d'un physique très avantageux, permet de déchiffrer mieux les relations entre Anna et Vronski. Regardant le film ainsi joué, Mrs. Dane elle-même dut en comprendre les péripéties, et l'issue…

La performance de Greta Garbo en Anna révèle l'extraordinaire mutation qui s'est produite en elle, et par elle, depuis huit ou neuf ans. L'histoire du cinéma donne peu d'exemples d'une telle maturation, d'autant mieux repérable ici qu'il est possible de comparer la même actrice à deux dates et dans deux formes d'incarnation du même personnage. Il est vrai que le bouleversement apporté au cinéma par l'irruption du parlant modifie les données du problème : mais moins que le traitement du personnage par la comédienne qui bénéficie d'une adaptation beaucoup plus vigoureuse et plus fidèle du livre.

Greta ne manquait pas d'atouts pour s'identifier à Anna. Non que son volontarisme scandinave reflétât « l'âme russe » ou le fatalisme tolstoïen. Mais tout ce qui rattachait le romancier à la terre, à son cher Yasnaia Poliana, la gravité de son propos, le respect qui inspirait son rapport avec les êtres et, en l'occurrence, le regard qu'il porte sur Anna, être autonome et fier, tout était de nature à porter l'actrice au sommet d'elle-même.

En Christine, elle se proclamait, s'exaltait, en tant que Suédoise, que bisexuelle, que pacifiste. En épouse du conseiller Karénine, elle interprète, distanciée mais passionnée, une tragédie qui n'a été et qui ne saurait être la sienne, mais qui la bouleverse visiblement, et lui permet de donner une interprétation de substitution au sentiment qui lui manque en tant que femme et lui semble le plus extérieur : l'amour maternel.

Rien ne permet de penser que, de telle ou telle liaison, lui soit né un enfant. Est-ce du fait de la frustration qu'elle pouvait ressentir et de la compensation qu'elle y trouva ? Ses scènes avec le petit Sergueï sont peut-être, de son point de vue – en dépit de la trop « bonne éducation » de Freddie Bartholomew –, les plus fortes du film.

Le dialoguiste Sam Berhman a raconté les réactions de Greta Garbo à la présentation du film où elle avait accepté d'accompagner Salka Viertel, Selznick et lui-même. Raccompagnant en voiture une Garbo enfermée dans son silence, Selznick tenta de lui arracher une réaction. « Oh ! si au moins une fois, une seule fois, soupira-t-elle, je pouvais assister à une *preview* et rentrer chez moi satisfaite ! » – moyennant quoi, arrivée à minuit chez Selznick, elle exigea de jouer avec lui un match de tennis...

La presse n'en fut pas moins enthousiaste à son propos. *Photoplay* jugea le film « ennuyeux, mais transformé en œuvre d'art par le convaincant génie de miss Garbo ». Pour *Picture Play,* « la grandeur de Garbo, étoile suprême de l'écran, éclate ici aux yeux de tous ceux qui veulent bien voir et écouter... Mais une fois de plus l'œuvre où elle brille n'est pas égale à son talent... » Seule Eileen Creelman, du *New York Sun*, salua « la part prépondérante » prise par Clarence Brown dans ce retour de Greta Garbo au « pur enchantement ».

Cet automne-là, le festival de Venise déclare *Anna Karénine* le meilleur film de 1935 et la critique new-yorkaise fait de Garbo l'actrice de l'année.

Des camélias pour un sacre

Cette année 1936 qui sera celle de son apothéose s'ouvre, pour elle, dans la douleur : souffrant d'une pneumonie chez ses amis Wachtmeister, en Suède, elle apprend le 9 janvier la mort de John Gilbert – suicidé à l'alcool. Elle se refuse à tout commentaire public, s'enferme quelques jours, en proie à ce qu'elle décrit comme une « dépression », et demande au consulat des États-Unis un nouveau visa pour rentrer en Californie.

Deux projets l'y attendent. L'un a trait à la liaison de Napoléon avec la Polonaise Marie Walewska; l'autre est une nouvelle adaptation de *La Dame aux camélias* que les Anglo-Saxons ont rebaptisée, on ne sait pourquoi, *Camille* : c'est « le » rôle par excellence des grandes actrices des trois dernières générations, de Sarah Bernhardt à Eleonora Duse et à Ethel Barrymore, dont trois versions avaient été tournées au temps du cinéma muet par les plus grandes stars de l'époque, Theda Bara, Nazimova et Norma Talmadge (en 1927).

Garbo est d'autant plus tentée par le premier projet qu'il est celui de Salka Viertel. Dès avant son adaptation d'*Anna Karénine*, la dame de Mabery Road s'était mise à écrire cette histoire qui passionne la Polonaise qu'elle est. Mais qui est capable de jouer Napoléon ?

Ce n'est pas Selznick, parti fonder sa propre compagnie, mais Irving Thalberg, qui, étroitement lié déjà à la carrière de Garbo, sera le producteur de son prochain film. La maladie de cœur qui le tuera quelques mois plus tard le guette : si ce film de la Divine doit être le dernier dont il aura eu la charge, il le veut éblouissant.

Il réussit à convaincre Garbo de reporter à plus tard le projet polonais – l'histoire, encore l'histoire... – et de faire du prochain film un simple hymne à l'amour. Plutôt que celui de *Manon Lescaut*, à laquelle il a pensé – mais qui ressemble moins à la petite Lescaut que Garbo ? –, il veut lui confier le rôle auquel rêvent toutes les actrices, celui de *La Dame aux camélias*, pour lequel George Cukor, surmontant la réserve qu'a provoquée une première rencontre avec la Suédoise, accepterait de la diriger : un « ticket » Garbo-Cukor, c'est déjà, pour Thalberg, une belle réussite.

Garbo ne réussit pas à associer sa chère Salka à l'entreprise : depuis des mois, deux spécialistes, Frances Marion et Zoé Akins, bientôt rejointes par le dramaturge James Hilton, travaillaient sur le texte, assez filandreux à vrai dire, du fils Dumas, lui donnant plus de rythme et de verve. Mrs. Viertel reçut l'assurance que sa Marie Walewska n'en verrait pas moins le jour sous les traits de Garbo, et se contenta de jouer, pour cette fois, les anges gardiens.

La distribution, autour de Garbo, ne posa pas beaucoup de problèmes. Alors que pour Vronski une bonne dizaine de comédiens avaient été envisagés, le nom du beau Robert Taylor, ancien étudiant en médecine devenu depuis deux ou trois ans l'une des stars de la MGM, parut s'imposer – comme, pour le rôle du père, celui du très cabotin Lionel Barrymore, plusieurs fois partenaire de Greta.

On ne saurait se faire une idée de la performance de Garbo dans *Camille* (que l'on jugea bon, pour le public européen, de retraduire en *Roman de Marguerite Gautier*...) sans mettre l'accent sur sa santé. Greta y avait toujours été extrêmement attentive, depuis que les régimes amaigrissants imposés par Stiller et Mayer dans les années vingt l'avaient fragilisée.

On a dit un mot de la pneumonie dont elle avait souffert lors de son séjour hivernal en Suède. Elle n'en est pas tout à fait remise quand elle revient, au début de mai, aux États-Unis. Tout au long du tournage de *Camille*, de la fin de juillet au début de septembre 1936, elle lutte contre divers malaises (on parla à l'époque des suites d'un avortement pratiqué à Stokholm, mais rien ne peut être prouvé). D'après Mercedes de Acosta, qui a réussi à renouer avec elle en Europe, et la revoit régulièrement, elle est alors une femme malade, ce que confirment plusieurs des acteurs et des techniciens du film.

Entre le maître qu'est George Cukor, alors auréolé par le succès de sa mise en scène de *Roméo et Juliette*, et la Divine, d'étranges relations se sont nouées. Cukor est réputé pour sa direction d'« actrices ». Garbo n'a de cesse qu'il s'écarte et la laisse opérer. Il a l'habitude de mimer tous les rôles, de se mêler aux échanges. Elle l'éloigne, le tient à distance. Tout se passe entre la caméra et elle. « Ce n'est pas que je sois fière de faire ce métier, mais quand je joue, je sais ce que je dois faire, même si je goûte peu, ensuite, ma performance… Je dois laisser agir mon imagination[25]. »

« Jamais Garbo n'a été si merveilleuse », répète Thalberg à tous les échos. Jusqu'au début de septembre, le grand producteur intervient dans la réalisation avec une pertinence admirable, conseillant de jouer la scène où Camille et Armand envisagent de se marier « comme s'ils complotaient un meurtre ». Et il est vrai qu'ainsi jouée, elle prend une force que Dumas n'avait jamais imaginée…

Mais le 14 septembre, soudain, alors que sont tournées les dernières scènes de *Camille*, est annoncée la mort foudroyante d'Irving Thalberg. On savait sa santé fragile. Mais il a été emporté en quelques heures par une pneumonie infectieuse. Mercedes de Acosta rapporte : « Greta fut bouleversée par cette tragédie, à tel point que j'ai compris ce jour-là qu'elle ne tarderait pas à se retirer des studios. » Le film, achevé, mais désormais privé de son inspirateur le plus dynamique, dont la marque se fit sentir jusqu'au bout (c'est lui qui insista pour que la scène de la mort de Marguerite fût quasi muette, et pour que Greta meure debout...) allait connaître encore quelques traverses.

Selon Karen Swenson, la *preview* de *Camille*, un mois plus tard, fut « désastreuse » : l'œuvre ciselée par Thalberg et Cukor semblait réduite à une lourde machine « à costumes ». On retravailla d'arrache-pied, Zoé Akins acceptant même de réécrire certains dialogues, Garbo de rejouer deux scènes avec Taylor au début de décembre – avant la *preview* de Los Angeles qui, le 15 du même mois, remporta un très vif succès. C'est en janvier 1937 que *Camille* entama sa carrière publique : et d'emblée, et de toute part, les acclamations saluèrent Garbo comme jamais auparavant...

Résumant en quelques lignes l'enthousiasme de la presse américaine, le prestigieux Howard Barnes écrivait dans le *New York Herald Tribune* : « Je n'ai eu le bonheur de voir dans le rôle ni Bernhardt, ni la Duse, mais j'y ai admiré beaucoup d'autres actrices, en français ou en anglais : aucune n'était comparable à Garbo, dont le flamboyant génie, ici déployé avec une grâce incomparable, s'est emparé, à jamais, de *La Dame aux camélias*. »

Plus frappante encore pour le public français fut la réaction du critique du *Canard enchaîné*, Henri

Jeanson, polémiste redoutable, peu suspect de sentimentalisme publicitaire ou mondain. Rapportant qu'il n'avait pas voulu attendre la sortie du film à Paris et avait couru le voir à Londres, il assurait que, jouée par Greta Garbo, la scène de la mort de *La Dame aux camélias* était « non seulement un des grands moments de l'histoire du cinéma, mais un grand moment de l'histoire de l'art… »

Essayons de retrouver notre sang-froid et de considérer le film, et l'interprète, indépendamment de ces effusions. Que le travail de Cukor – sous l'impulsion du très actif Thalberg – soit très beau, nul n'en doute. La « production », pour employer un mot commode, est superbe, un peu trop luxueuse peut-être et tendant à montrer une société parisienne du milieu du XIXe siècle comme une mixture de Régence et de Bas-Empire. Une tonalité plus bourgeoise eût mieux convenu. Tout cela – théâtres, salles de jeux, intérieurs, costumes, est beau et raffiné, mais « un ton au-dessus ». Trop d'or, trop de cris, trop de tout.

Que dire de l'interprétation ? Robert Taylor est beau et mime l'adoration avec une belle conviction. Lionel Barrymore envahit l'écran avec un savoir-faire abusif. Mais le grand partenaire de Garbo, ici, est évidemment le magistral Henry Daniell qui, en Varville, se hausse, à force de cruauté, d'insolence, à la hauteur de sa partenaire dans l'admirable scène du piano. Grand, très grand morceau de théâtre, conduit par

Cukor avec un art supérieur, digne de la haute comédie de caractère, très au-dessus de Dumas-tel-qu'on-le-joue-d'ordinaire.

Garbo… Un dévot, ici, panique. Comment trouver les mots pour dire ce qu'elle fait, du marivaudage délicieux qu'engendre le quiproquo initial à l'indescriptible scène de la mort, debout, neigeuse, immaculée, ployante dans un murmure ? Laissons les comparaisons avec Bernhardt et Duse, que nous n'avons pas vues et qui – la première surtout – ne purent avoir cette indicible innocence de cygne. La seule référence qui nous guette, c'est celle de Maria Callas dans la même scène de *La Traviata*.

La géniale cantatrice grecque ne cachait pas ce qu'elle devait ici à la Suédoise, dont la musicalité, en cette scène, et sans le secours de la vibrante mélodie de Verdi, l'avait inspirée. Ici et là, l'interprétation s'est faite invention. Ici et là, la *morbidezza* venue du fils Dumas s'exalte et culmine en un indicible dialogue avec la vie.

La petite protégée de Stiller, la dame au visage miraculeux, Felicitas, Anna, Christine, s'est élevée jusqu'à cette cime. Le cher « Mojé », où il était, sut alors que son intuition ne l'avait pas trompé. De cette beauté presque abusive avait surgi une artiste majeure. On ne saurait finir de tresser cette couronne de camélias sans indiquer que, de tous ses films, *Christine* compris, et on a vu pourquoi, *Camille* est le seul qu'aimait Greta Garbo.

Une mazurka pour l'Empereur

Du trône où l'a propulsée sa *Dame aux camélias* – le roi de Suède Gustave V ne s'y est pas trompé, lui décernant pour cela le prix *Litteris et Artibus* qui n'avait jamais été attribué qu'à des écrivains, à des peintres ou à des musiciens – comment ne pas déchoir ?

On a vu que son amie Salka nourrit un projet qui ne devrait pas altérer cette gloire : lui faire incarner Marie Walewska, cette noble Polonaise (comme elle) jetée dans les bras de Napoléon pour le convaincre d'assurer la restauration de la Pologne dépecée dix-sept ans plus tôt. De passer d'un rôle de courtisane parisienne à la représentation d'une comtesse sacrifiée à la raison d'État (et dût-elle y prendre en fin de compte quelque plaisir…), l'image de la Divine ne saurait souffrir.

Polonaise pour Polonaise, les patrons de la MGM verraient d'un œil plus favorable miss Garbo incarner Marie Curie, née Sklodowska. Ils demandent au grand romancier anglais Aldous Huxley, ami personnel de Garbo, de travailler sur le sujet. Mais la Suédoise s'est engagée auprès de Salka. Ce n'est pas que l'histoire de la maîtresse polonaise de Napoléon l'intéresse particulièrement. Mais Mrs. Viertel est si éloquente. Et dialoguer avec Napoléon ne saurait la laisser tout à fait indifférente...

Le scénario de Salka Viertel, qui s'est inspirée elle-même du roman d'un certain Gasiorowski, *Pani Walewska*, subira d'innombrables retouches : on affirme que quinze autres auteurs y mirent la main[26] – ce qui ne doit pas être étranger à sa médiocrité finale. Le choix du metteur en scène ne posera pas de problèmes moins compliqués : les noms de Cukor et de Lubitsch furent avancés. On dut se rabattre sur le fidèle Clarence Brown, bien que, pour une fois, Garbo l'eût jugé un peu « court » pour le sujet.

Et puis, il y avait à trouver un Napoléon. Bigre... Ce n'est pas Greta qui lança dans le débat le nom de Charles Boyer : mais sitôt qu'il fut question de lui, elle exigea que le rôle lui fût confié. Elle vouait une grande admiration à l'interprète de *Mayerling*, admiration qui se mua, au cours du tournage, en amitié.

L'acteur français, qui n'était pas un débutant à Hollywood – il avait épousé une actrice américaine, Pat Patterson –, se fit prier pour jouer ce rôle écrasant. « J'aurais moins hésité à jouer Jésus-Christ... » devait-il confier. Mais une fois sa décision prise (comment résister à une exigence de Garbo ?), il s'engagea à fond dans l'aventure, avec un étonnant succès. De ce film décevant, Boyer est évidemment le centre d'intérêt, ne serait-ce qu'en raison de la puissance magnétique qui émane du personnage. Pour la première fois dans sa carrière américaine, Garbo est, sinon surclassée, au moins dominée par un partenaire – à vrai dire le seul comédien de ce calibre, hormis Stroheim et John Barrymore, qu'elle ait dû affronter.

Face à ce Napoléon qui saura résister aux supplications de la comtesse livrée à son caprice, la Marie de Garbo n'est pas indigne, en tant qu'actrice, de ses grandes interprétations de naguère. Son apparition au sommet de l'escalier du château des Walewski envahi par les cosaques est d'une beauté digne du surgissement d'Anna Karénine dans le nuage de la gare de Moscou.

Dans les scènes d'intimité avec le conquérant ou dans la mazurka qu'elle danse avec lui, elle manifeste une grâce exquise – merveilleusement habillée une fois de plus par Gilbert Adrian : il y a là des gazes, des écharpes, des châles, des turbans que les vrais dévots de la Divine tiennent pour de purs joyaux. Les mêmes retiennent de *Marie Walewska* quelques échanges savoureux de Greta avec des acteurs dignes d'elle, telle la pittoresque Maria Ouspenskaya, la vieille tante de Marie qui tient Napoléon pour un drôle, l'ayant surpris en train de tricher aux cartes, ou son cher Reginald Owen qui lui fait escorte depuis *Christine*, et campe un Talleyrand d'assez bonne cuvée, entre poire un peu blette et fromage un peu trop fait.

Mais il est vrai que *Walewska* (le titre américain est *Conquest*, ce qui, s'agissant de Napoléon, est un peu vague…) est un film inaccompli. Est-ce du fait de l'allergie que Greta aurait manifestée pour le rôle, pour ce personnage auquel elle ne « comprenait rien », ou pour celui de Napoléon ? Cet état d'esprit lui est attribué par Mercedes de Acosta, alors en « disgrâce », et qui détestait Salka Viertel…

Mais on cite par ailleurs bien des traits qui donnent à penser que l'interprétation de Marie la Polonaise ne la mit pas dans une humeur si sombre. Chose très rare, elle fit bon accueil sur le plateau à des personnes qui n'étaient pas mêlées à la production : mais il s'agissait de deux acteurs dont elle louait les qualités professionnelles, John Barrymore, devenu son ami depuis *Grand Hôtel*, et Clark Gable, son ancien partenaire de *Courtisane*. On la vit souvent gaie, plaisantant avec les machinistes, aussi peu « fatale » que possible.

De multiples incidents n'en contribuèrent pas moins à déstabiliser le bon Clarence Brown et le nouveau producteur Bernard Hyman – et d'abord une maladie de Garbo, qui la tint à l'écart du tournage pendant plusieurs semaines. Quand on sait ce que coûte un jour de tournage et la précision impérieuse des plannings hollywoodiens, s'agissant d'un film impliquant une douzaine d'acteurs de premier rang, on imagine le climat qui dut régner dans les bureaux de la MGM entre la fin de mars et le début de mai 1937.

Mise à part la performance de Charles Boyer, que l'on sent passionnément attaché à relever l'impossible défi d'incarner le Corse, et qui arrive à fasciner ceux au moins qui ne sont pas des spécialistes de la saga napoléonienne ou des fanatiques de Meissonier, et compte tenu de beaux éclairs de tendresse ou de noblesse de la comtesse Walewska, on devrait convenir que le dernier des six films que Clarence Brown tourna avec la Suédoise est un échec, s'il ne manifestait chez elle ce que seuls peuvent faire les très grands artistes : ne pas tenter de surcompenser, par des outrances de style ou de gestuelle, la primauté d'un partenaire, imposée par le texte et les situations. Savoir se contenir, quel art est-ce là...

On souhaiterait à beaucoup d'actrices de proposer au monde des images ou des scènes dignes de celles-là. Mais qui garde en mémoire les camélias de naguère revoit avec une pointe de mélancolie cette Garbo polonaise aux prises avec le conquérant.

Ce rire plein d'éclats

La mort de la dame aux camélias signifiait-elle donc l'épuisement du génie tragique de Greta Garbo, comme si une telle intensité marquait un achèvement – le mot assumant alors son double sens de culmination et de fin ? Dans une veine à tout prendre voisine – le sacrifice imposé à une femme par le système masculin, conventions bourgeoises ou ambition impériale –, la comédienne marquait, d'un rôle à l'autre, un certain fléchissement. Elle avait su transfigurer le poussiéreux mélo de Dumas. Elle n'avait pu donner à la Polonaise sacrifiée la vitalité qui eût fait vaciller, à nos yeux, le conquérant.

Qui pensa le premier à une reconversion comique de l'actrice qui incarnait alors, sur les écrans, la tragédie ? Elle-même, peut-être… On reviendra sur son sens de la dérision, ses humeurs moqueuses, qu'excitaient alors sa liaison quasi parodique avec Leopold Stokowski, dit « Stoky », le chef d'orchestre de Philadelphie qui lui avait déclaré sa flamme au premier regard, assurant qu'ils devaient revivre, ensemble, la passion de Cosima et Richard Wagner… Qu'elle se fût laissée entraîner dans de romantiques promenades européennes, en Italie surtout, par le chef à la crinière de neige n'avait pas mis de sourdine à l'ironie que lui inspirait ce théâtral compagnon, si naïvement avide de publicité. L'heure, pour elle, était au sarcasme. Que la cible en fût un prodigieux m'as-tu-vu, un système ou une société importait peu : un rire couvait...

Cela, ses amis l'ont perçu : Salka Viertel et Gottfried Reinhardt, le fils de Max, habitué comme lui du salon de Mabery Road, se mettent à la recherche d'un rôle comique pour Greta. Reinhardt pense faire appel à son ami, le dramaturge hongrois Melchior Lengyel. Et le projet commence à mûrir entre eux d'une satire du régime soviétique – peut-être inspirée d'un voyage que vient de faire à Moscou un groupe de cinéastes hollywoodiens supposés favorables à l'URSS, en tout cas hostiles au fascisme. Voyage dont ils sont revenus consternés. Et parmi eux, un certain Lubitsch...

Greta Garbo et Ernst Lubitsch : associer le symbole de la tragédie et le maître de la comédie était une idée qui cheminait en l'un et en l'autre depuis des années. En 1932 déjà, raconte Mercedes de Acosta, la Suédoise avait frappé à la porte du Berlinois pour lui dire son ambition de tourner avec lui, provoquant une explosion d'enthousiasme : « *Mein Gott*, Greta, à nous deux, quel chef-d'œuvre ce serait ! » Mais l'un et l'autre avaient reconnu d'emblée que leurs chances étaient faibles d'y parvenir, du fait de la stupidité des producteurs…

Dix ans plus tard, le scénariste Garson Kanin demande à Lubitsch comment lui était venue l'idée de faire tourner Garbo dans une comédie. Réponse de l'auteur de *Haute Pègre* : « Parce qu'elle était marrante ! Tu ne t'en étais jamais rendu compte dans la vie ? Un jour, elle est venue chez moi me raconter ses amours avec Leopold Stokowski, le chef d'orchestre. Comment, pendant une tournée à Mexico et à New York, Stokowski faisait semblant de vouloir passer inaperçu, et ses colères en se rendant compte que personne ne le reconnaissait, alors qu'il faisait tout pour ça !… Et elle savait qu'elle pourrait être rigolote à l'écran. Même dans les moments sérieux, elle avait de l'humour. Tu n'as jamais remarqué cette légèreté qu'elle avait ? Et la légèreté, c'est primordial, dans une comédie. Quand quelqu'un a de la légèreté, il peut jouer des comédies, et ça ne gêne pas du tout si en plus la personne est agréable à regarder, crois-moi…

« Il n'y avait qu'une chose qui me tracassait, je me demandais si elle pouvait rire. Pour sourire, ça, elle savait. Elle avait toute une collection de sourires. Seulement un sourire, ce n'est pas un rire. Et un jour, alors que nous parlions, je lui ai demandé : "Vous pouvez rire ?" et elle m'a répondu : "Je pense que oui." Riait-elle souvent ? Elle m'a dit que non. Alors je lui ai demandé si elle pouvait rigoler un bon coup tout de suite, et elle m'a dit : "Je ferai ça demain." Alors le lendemain, elle s'est pointée et elle m'a dit : "Allons-y, je suis prête." Alors elle s'est mise à rire et ç'a été fantastique. Elle m'a fait hurler de rire aussi, et nous étions là dans mon bureau comme deux loufdingues, à nous marrer comme des baleines pendant au moins dix minutes ! Voilà comment j'ai su qu'elle pourrait le faire[27] ! »

A vrai dire, le rire n'était pas plus étranger à l'univers de Garbo que les larmes à celui de Chaplin. Qui ne se souvenait du fou-rire qui prend la reine Christine quand elle voit le carrosse de l'ambassadeur espagnol embourbé dans la neige (mais peut-être était-ce aussi le fait de voir le pauvre Gilbert empêtré dans son rôle…) ? Et il n'est pas jusqu'à la dame aux camélias qui ne soit saisie de rires fous, notamment dans la fameuse scène du piano avec le baron de Varville.

Bref, l'aventure comique la guette. Et quand la Divine rentre d'Europe en octobre 1938 – d'une Europe secouée par l'épisode de Munich –, elle sait que son proche avenir est là. Melchior Lengyel n'a pas perdu de temps et peut déjà soumettre son projet au trio Garbo-Salka-Reinhardt : l'histoire d'une fonctionnaire soviétique, Nina Yakouchova, envoyée à Paris pour négocier une affaire de fourrures, et qui se laisse séduire par le monde occidental.

L'idée est bonne. Et pourquoi, se disent alors les trois complices, ne pas faire appel à Lubitsch, si désireux de tourner avec Garbo et qui a déjà travaillé avec Lengyel, pour qu'il en fasse une comédie à sa manière ? Ernst accourt, lit le scénario, le trouve drôle mais objecte que l'histoire serait plus piquante si, à cette affaire de fourrures (le premier projet avait même trait à une mine de nickel...), on substituait un trafic de bijoux – « tellement plus photogéniques... ».

Pour ce faire, Lubitsch ne fit pas appel à moins de trois scénaristes, ses amis Charles Brackett, Billy Wilder et Walter Reisch, qui introduisirent à leur tour les savoureux personnages des trois négociateurs soviétiques dont l'héroïne implacable vient à Paris corriger les « bavures ». Mais, selon les trois scénaristes, c'est bien Lubitsch qui est le véritable auteur du film, l'inventeur des meilleurs gags : rarement, selon Breckett, Wilder et Reisch, un film a dû autant à un seul homme...

Garbo intervint dans la discussion là où on ne l'attendait pas – pour demander si la tonalité de la satire n'était pas excessive. Ne tombait-on pas dans la propagande anticommuniste* ? Dans le climat très antifasciste où elle vivait chez les Viertel, on ne pouvait manquer d'être froissé par une vision aussi grotesque de l'Union soviétique... Lubitsch était lié au même courant d'idées. Mais il revenait, on l'a vu,

* En 1948, à la veille d'élections en Italie qui risquaient d'amener les communistes au pouvoir, l'ambassadeur des États-Unis commanda quarante copies de *Ninotchka* pour les diffuser dans les salles...

d'un voyage en URSS, et, si l'on en croit les souvenirs de Mercedes de Acosta et de Salka Viertel, la réponse qu'il fit à l'objection de miss Garbo fut à peu près celle-ci : « Crois moi, Greta, s'il y a caricature, elle n'est pas exagérée... »

Au surplus, la signature du pacte Hitler-Staline, le 23 août 1939, quelques jours après la fin du tournage de *Ninotchka*, deux mois avant la sortie du film dans les salles, devait apaiser les scrupules des bonnes gens relatifs à l'« antisoviétisme » : à l'adresse d'un pouvoir qui se comportait avec un tel mépris des convictions de ceux qu'il avait entraînés dans la lutte « pour la justice et pour la paix », les sarcasmes de Lubitsch paraissaient soudain bien inoffensifs... Et ceux même qui s'offusquaient de voir le commissaire du peuple Razinine incarné par Bela Lugosi, spécialiste célèbre des films de terreur comme *Dracula*, furent moins indignés à partir du 23 août 1939*...

Mais à qui confier le rôle du séducteur parisien chargé de faire perdre la tête à la rigide bolchevik ? Un acteur s'impose : Cary Grant, qui incarne alors dans les comédies de Capra ou de Cukor, au côté de Katharine Hepburn ou de Carole Lombard, le type du charmeur ironique. La première réaction du comédien anglais est enthousiaste : tourner avec Garbo !

* Trois ans plus tard, dans l'excellent *To Be or Not to Be,* Lubitsch, toujours en équipe avec Melchior Lengyel, réglera plus cruellement encore ses comptes avec le nazisme.

Mais, pour d'obscures raisons où se mêlèrent les rivalités financières des compagnies et les oukases des commissions de censure, le trio magique Lubitsch-Garbo-Grant ne peut être formé. William Powell, sollicité à son tour, n'étant pas libre, ni Clark Gable (peu vraisemblable en Parisien décadent...), c'est l'honorable Melvyn Douglas qui est chargé d'envoûter la Divine.

Le tournage se déroula en deux mois : juin et juillet 1939. A la veille des premières prises sur le plateau, Lubitsch se dit effrayé de la maigreur et de la pâleur de sa « Ninotchka* », bien que l'on puisse y voir un effet dramatique, les conséquences du système soviétique... Une semaine plus tard, il la félicitera pour ses joues roses et ses yeux brillants.

Le travail se déroula dans un climat de bonne humeur que l'auteur de *Sérénade à trois* excellait à créer. Le film terminé, Greta parlera à certains de ses amis de la « vulgarité » du « petit homme rond » qui « parle trop fort sur le plateau ». Mais tout indique qu'elle trouva en lui le « seul grand directeur » qui l'ait jamais fait travailler : le mot lui sera en tout cas prêté, et le fait est que le résultat de leur entente est éblouissant.

La performance de la Divine, au jour le jour, enchante tous ses partenaires, de Melvyn Douglas à

---

* Garbo était alors déjà sous l'influence du célèbre diététicien Gayelord Hauser.

Ina Claire (l'ancienne femme, pourtant, de John Gilbert...). De la scène du bistrot parisien où éclate le fameux rire, le rire immense auquel rêvait Lubitsch, à celle dite du champagne où Greta signifie à son partenaire qu'elle va haranguer les dîneurs d'une boîte de nuit pour milliardaires « au nom des peuples et de la révolution », elle vit la mutation de Nina-la-rigide en Ninotchka-la-tendre « de façon constamment superbe », selon son partenaire. Melvyn Douglas admirait particulièrement son comportement au cours de la scène d'ivresse – que la censure avait tenté de prohiber et qu'elle-même demanda plusieurs fois à Lubitsch de reporter, tant elle l'effrayait.

Ce qui ne fut pas le cas pour le fameux « *speech* aux peuples du monde » de l'envoyée de Moscou : « Camarades, la civilisation va s'écrouler, la bourgeoisie est promise à une prochaine extinction... mais... pas tout de suite, s'il vous plaît, attendez... il n'y a pas d'urgence... encore quelques instants, soyons heureux... » qu'elle prononce avec une douceur ensorcelante, et de manière à ruiner un quart de siècle de propagande marxiste-léniniste...

Lubitsch se dit constamment émerveillé par le comportement de sa vedette. Il admirait notamment qu'à la différence de ses rivales, elle négligeât totalement de se considérer dans quelque miroir que ce soit. Mais si, plutôt que d'une sérénité suprême, cette retenue était le signe, déjà, d'une angoisse, de la peur de voir telle marque, telle atteinte sur le visage merveilleux ?

De toute évidence, Greta Garbo fut heureuse de tourner *Ninotchka*, dût-elle ne pas y atteindre la perfection qui marque l'ensemble de sa performance dans *Camille*. Dans la première partie, elle force un peu la caricature, le mécanique, la raideur punitive. Est-ce la faute de Lubitsch ? Du scénario ? D'elle-même ? Après tout, la satire, ici, courait le risque d'aller trop loin, jusqu'à l'autodérision : en se moquant de la raide Soviétique, elle se riait aussi d'elle-même, de son côté garçonnier, « cheftaine », de sa démarche de vieille fille chargée des corvées familiales, de ses manières, non pas asexuées, mais « intersexes », si l'on peut dire… Toutes les scènes en revanche de la découverte du ludique, de la mode, de l'érotique, sont de pures merveilles, enlevées avec cette « légèreté » que Lubitsch avait si bien décelée en elle.

Garbo est si heureuse qu'elle accepte pour la première fois depuis des années d'accompagner le metteur en scène et son équipe à une *preview* publique du film dans un cinéma de Long Beach. Affectation ? Elle patiente tranquillement dans la file d'attente à l'entrée du cinéma, lorsqu'une bande de marins hilares la reconnaît et la conduit à sa place. « Quand le public a commencé à éclater de rire, elle s'est retournée, effrayée, comme si le tonnerre grondait », raconte Ernst Lubitsch, ravi.

L'accueil fait à *Ninotchka* fut – sauf en URSS*... – à la mesure de tant de grâce déployée. Inutile d'accumuler les citations. Le commentaire le plus savoureux fut celui de Frank Nugent, le brillant critique du *New York Times* : « Il est si monotone de louer le superbe génie tragique de miss Garbo qu'on souhaiterait parfois prendre en faute la Première Dame de l'écran pour éviter d'être tenu pour un membre de ses *fan clubs*. Mais il est neuf et délicieux de la découvrir jouant la comédie avec l'aplomb de Buster Keaton... »

Que peut-elle souhaiter encore, cette Divine en qui vient de s'épanouir le don divin du rire ? Ce bonheur, cette paix qu'appelait sur le monde la camarade Nina Yakouchova, dite Ninotchka ? La voici pour une fois flouée : le film de Lubitsch n'a pas plus tôt illuminé les écrans que la guerre commence de ruiner le Vieux Continent, justifiant la jolie notice située par Lubitsch avant les premières images de son film : « Le film se situe à Paris à l'époque merveilleuse où une sirène n'était pas une alarme mais une jolie fille et où, lorsqu'un Français éteignait la lumière, ce n'était pas en raison d'une attaque aérienne... »

---

* On lit dans le livre de Karen Swenson que le film fut interdit en France. Non : je l'ai vu à Paris en mars 1940.

Catastrophe dans la catastrophe

La guerre en Europe devait-elle faire basculer dans le vide cette existence si préservée, la vie quotidienne et artistique d'une Suédoise vivant à Hollywood entre les studios et les plages du Pacifique, à des milliers de kilomètres du Paris de *Ninotchka*, du Berlin de Lubitsch ? Son pays est neutre, son art universel, et, pour ce qui la concerne, les combats n'appellent à la mort ni un mari, ni un amant, ni un frère, ni un enfant.

Tout se passe pourtant comme si la ruée des nazis sur la Pologne de Salka, puis sur le Paris où Nina Yakouchova a découvert l'art d'aimer, avait tranché en deux, comme un coup de sabre, la vie de Garbo, rejetant d'un coup, dans un passé irrécupérable, l'Europe d'où elle vient, les merveilles des années trente, sa divinisation, le rire de 1939… Comme si l'énorme tragédie, là-bas, qui l'incite à faire venir et à héberger en Californie sa mère, son frère Sven, sa belle-sœur et leur fille de sept ans, bouleversait en elle jusqu'aux données les plus intimes.

C'est l'époque où elle s'épouvante de découvrir la première ride sur son miraculeux visage, où elle se lie avec le nutritionniste Gayelord Hauser qui lui fait boire des jus de carottes tandis que les gourous indiens de Mercedes de Acosta font d'elle une adepte de diverses formes de yoga et que le psychiatre Eric Drimmer prétend lui « révéler » qu'elle vit dans l'angoisse – angoisse que suffisaient à expliquer quinze années d'une vie démente, celle d'une femme à la sexualité complexe, déchirée entre amants homosexuels et amoureuses mystiques, qualifiée de « divine », vouée à l'incarnation de diablesses destructrices et pourchassée par une presse inquisitoriale et vicieuse…

Dans le cataclysme où est jeté le monde, et que l'on analyse chez les Viertel avec plus d'attention et d'anxiété que nulle part ailleurs, – Berthold s'avère un géopoliticien hors de pair –, Greta Garbo vit un ébranlement interne sans précédent. Cette parcimonieuse à laquelle il est si difficile d'arracher un geste public de solidarité fait une donation de cinq mille dollars à la Finlande envahie par l'URSS. N'est-ce pas, entre bien d'autres raisons de s'émouvoir, le pays d'origine de son cher « Mojé » Stiller ?

Cette donation lui vaut quelques manifestations de gratitude, mais aussi d'acerbes critiques : c'est peu, c'est tard… Comment une star dont l'Occident a fait la fortune et la gloire ne s'engage-t-elle pas plus éloquemment dans le combat des démocraties ? Pourquoi a-t-elle rencontré un de ses compatriotes, l'homme d'affaires Axel Wenner-Gren, qui pour avoir amorcé une tentative de contacts entre Londres et Berlin, est accusé d'espionnage par certains journaux américains ?

A-t-elle, à l'inverse, comme le suggère son biographe Gary Paris, collaboré à un réseau suédois lié aux services anglo-américains qu'aurait animé le jeune Dag Hammarskjöld, le futur secrétaire général des Nations unies, antinazi s'il en fut ? Les preuves n'en ont pas été apportées. Mais compte tenu de ses amitiés de l'époque, du climat qui régnait chez les Viertel, entre Bertolt Brecht et Aldous Huxley, c'est plutôt dans ce sens-là que devaient se tourner ses sympathies, plus ou moins actives.

Dans son excellent livre sur la Divine, Patrick Brion signale son « action courageuse – et tenue secrète – en faveur des réfugiés et de ceux qui luttaient contre les nazis et leurs alliés ». Et l'un des scénaristes de Garbo, Walter Reisch, rapporte qu'il n'a vu qu'une seule fois la Suédoise pleurer en public : lorsque, dans le bureau de Gottfried Reinhardt, ses amis et elle écoutaient en groupe Franklin D. Roosevelt annonçant à la radio, en juin 1940, la chute de la France et l'entrée en guerre contre elle de l'Italie…

Ce qui ne retiendra pas une partie de la presse américaine, celle d'un pays qui a tout de même attendu quinze mois et l'attaque dirigée contre lui par un Japon allié de Hitler pour entrer dans la guerre, de critiquer acidement la « neutralité » observée par cette citoyenne d'un pays neutre… Les commères de Hollywood, les Elsa Maxwell ou les Hedda Hopper, se feront les porte-parole venimeuses de cette campagne qui culminera naturellement à l'occasion de la cruelle épreuve professionnelle bientôt affrontée par Garbo : il n'est de meilleur moment pour accabler le héros que celui de sa chute…

Qui donc put persuader Greta Garbo d'étudier et de jouer le rôle que lui offrait le pitoyable scénario de *La Femme aux deux visages*? Il est triste de dire qu'à l'origine de ce navet, on retrouve le trio qui était à celle de *Ninotchka*, avant l'intervention de Lubitsch et de son commando de *gagmen*. Qui d'entre eux tous put se laisser abuser par cette pièce d'un Autrichien nommé Ludwig Fulda, *The Twin Sisters* (*Les Sœurs jumelles*) déjà objet de deux adaptations, une muette, une parlante?

Dans une note adressée en 1933 au financier de la MGM, Nicholas Schenck, le très intelligent Irving Thalberg décrivait « le très subtil processus [de la] destruction des stars ». Il y voyait comme une dégénérescence spontanée et souvent imperceptible de la ferveur publique. Mais l'analyse ne vaut pas pour Garbo. A la fin de 1939, *Ninotchka*, après le léger *fading* dû à *Marie Walewska*, a ranimé son impact sur les foules et sa gloire – et son « rendement » financier au box-office. En 1941, pourtant, on est tenté de dire que tout se passe comme si les gens de la Metro-Goldwyn avaient prémédité et planifié la mise au rancart d'une star qu'ils jugent « finie », ou encombrante.

Une autre composante de la désacralisation de Garbo est ce que Karen Swenson définit comme la volonté des maîtres de Hollywood d'« éliminer en elle toute trace de décadence européenne ». Des citoyens américains vont avoir à mourir pour rendre l'Europe à la raison et à la liberté. Alors foin des vices du Vieux Monde, de ces courtisanes parisiennes, de ces maîtresses d'empereur ! Mais que cette chasse aux sorcières du Vieux Continent corrompu ait pris pour cible une Scandinave peut paraître déconcertant...

S'il s'agit d'un enterrement, il faut pourtant admettre que beaucoup de soins sont pris pour la réussite de l'entreprise : non seulement le texte (ce fichu texte) doit être retraité par l'équipe des amis de Greta – Salka, Reinhardt, Berhman –, mais la mise en scène est confiée à George Cukor, l'auteur de *Camille*, le partenaire principal de Garbo est ce Melvyn Douglas qui a partagé son triomphe de *Ninotchka*, et la distribution comporte des comédiens aussi fins que Constance Bennett ou Roland Young.

Au moment d'entamer le tournage, Garbo, que ses relations décrivent alors comme « en bonne forme », écrit à sa grande amie suédoise Hörke Wachtmeister : « Je ne suis pas trop honteuse... de ce que je vais tourner... Les gens autour de moi prétendent que, par les temps qui courent, un film ne peut marcher s'il n'est pas un peu vulgaire. Ce qui est étrange c'est que nous parlions cinéma alors que la guerre frappe à nos portes[28]... »

Vulgaire ? Louis B. Mayer et son équipe pensent surtout au budget du film, qu'ils réduisent au point de refuser à Cukor le temps de retravailler le scénario et provoquent le départ du couturier Adrian, si lié à la carrière de Garbo et qu'elle laissa partir alors sans générosité, n'ayant jamais beaucoup aimé le faste dont il la drapait : on lui refuse ses extravagants costumes, parce qu'il faut désormais faire de Greta une « femme comme les autres ».

On ne prive pas impunément une déesse des feux, des lumières, des éclairs dont elle s'entoure, ou dont l'a dotée le consentement général. Non qu'elle soit médiocre, que tout ça n'ait été qu'illusion et machinerie. La déesse n'était pas seulement *ex machina*, sa divinité préexistait à la machine. C'est le retrait, le retour à la « femme », qui grinça. C'est l'opération de normalisation, de banalisation, qui fut néfaste. Réduire la reine Christine ou même la terrible Nina à une bourgeoise américaine qui essaie, pour regagner les faveurs de son mari, de se faire passer pour sa jumelle délurée, c'était domestiquer un aigle.

Un tel personnage n'était pas indigne d'une grande actrice – Myrna Loy y eût fait merveille, ou Carole Lombard. Mais l'opération, réductrice, était en soit perverse. Le rire l'avait exaltée. Ces petites ruses l'abaissaient. La vulgarisation avait bien conduit, comme elle le craignait, au vulgaire.

Non que la comédienne, fourvoyée dans un rôle absurde, y ait perdu son talent. Après la scène de la boîte de nuit où elle danse la *chica-choca* avec un entrain un peu forcé, celle qui l'oppose à quelques messieurs éméchés (dont le délicieux Roland Young) lui donne l'occasion d'un splendide numéro de séductrice à la Célimène : ces dernières minutes passées devant la caméra par la plus grande actrice de son temps, sans que personne (sinon elle ?) sût qu'il s'agissait d'adieux, démontrent qu'au plus profond de l'abaissement auquel elle avait consenti Garbo restait prête pour de grandes choses, du côté de la farce aussi bien que de la tragédie.

Cecilia Ager, qui était alors la plus subtile critique de la presse américaine, écrivait dans la revue *PM* : « L'écran n'a pas d'actrice comparable à miss Garbo pour la vibration et la puissance expressive. A une sensibilité sans égale elle a ajouté une technique qui l'a rendue capable de maîtriser n'importe quel rôle. Et il y a même dans ce dernier film des moments où elle révèle plus d'humour et de tendresse que jamais auparavant. Mais cette artiste unique, *La Femme aux deux visages* semble n'avoir pour objectif que de la détruire… »

Ce qui est intéressant, en cette affaire, ce n'est pas seulement de rechercher comment est préparé, de l'intérieur, un naufrage. C'est aussi de constater comment s'organise, alentour, la chasse à courre. On a vu se manifester, dès l'origine, à propos du texte, ou des costumes, ou du *casting*, des manœuvres de freinage ou de réduction qui alimentent la thèse d'un sabotage, par la Metro-Goldwyn elle-même, d'une star incontrôlable et liée à un type de cinéma ambitieux, symbolisé par Thalberg, disparu avec lui.

Quinze ans plus tard, Louis B. Mayer, lors d'une interview avec la revue de cinéma *The Velvet Light Trap*, chantera les louanges de ce demi-dieu qui avait fait des années trente l'âge d'or de la MGM. Mais ce génie disparu (en achevant de superviser le chef-d'œuvre de sa carrière, la *Camille* où triomphe Garbo), Mayer, pressé par Nicholas Schenck, le financier de la Metro, s'empressa de réduire les ambitions artistiques de la firme et de jouer la carte de l'Américain moyen, plus impatient d'acclamer Shirley Temple que Greta Garbo.

En 1941, n'importe quel citoyen des États-Unis tant soit peu informé voit venir la guerre – où sera engagé son pays, son frère ou son fils. Il comprend, marchand de cigarettes ou d'automobiles, que le marché européen lui sera fermé pendant quelques années.

Mieux : le *mogul* de la MGM le sait mieux que personne, les films de Garbo ne font que 40 % de leur chiffre d'affaires en Amérique, plus de 50 % en Europe. Voilà ce qui s'appelle une star démonétisée, ou pire, démonétisante. Pourquoi s'embarrasser de cette gloire surannée et coûteuse – à moins qu'elle s'accommode de productions et de sujets « moyens » ?...

La malédiction du financier fut aggravée par celle de Tartuffe, incarné par le très puissant cardinal Spellmann, archevêque de New York, qui ne publia rien de moins qu'une « lettre pastorale » pour dénoncer le scandale constitué par ce sujet de comédie à quiproquo dont fourmillent toutes les scènes du monde, joué par une actrice qui, sans qu'il s'en indignât apparemment, d'*Anna Christie* à *Camille* et du *Baiser* à *Anna Karénine*, n'avait cessé d'incarner les prostituées que pour interpréter des meurtrières, ou des suicidées...

Mais Tartuffe préfère affirmer sa force contre les faibles, et c'est quand Garbo, étrangère, citoyenne d'un pays neutre en temps de guerre, plus ou moins lâchée par son producteur, en proie aux campagnes des « commères » de Hollywood, apparut vulnérable que le charitable Spellmann, relayé par quelques vertueux *congressmen*, déclencha contre *La Femme aux deux visages* un procès en sorcellerie que toute la carrière de Greta appelait peut-être (comment peut-on impunément être appelée Divine ?), mais pas cette pauvre comédie du crépuscule...

Si l'on ajoute que le film sortit dans les salles de New York le 31 décembre 1941, trois semaines après l'agression de Pearl Harbour et l'entrée en guerre des États-Unis, en un temps peu propice aux présentations de films, et qu'elle fut saluée, entre autres, par un article de *Time* où l'on pouvait lire « Voir ce film est aussi choquant que de découvrir sa mère ivre-morte… », tandis que la *columnist* vipérine Hedda Hopper écrivait « nous avons eu "Garbo parle", "Garbo chante", "Garbo rit", cette fois, ce sera "Garbo se retire"… » – on peut dire que l'échec de *La Femme aux deux visages* était programmé par l'histoire et l'opinion publique aussi bien que par les financiers de la MGM.

Karen Swenson cite un propos que Garbo aurait tenu à cette époque : « Dans ce monde cruel, il n'y a plus de place pour quelqu'un comme moi[29]. » Dit à propos de l'entrée en guerre de l'Amérique, ou après le massacre de *La Femme aux deux visages* ? La biographe ne précise pas. Et on cherche en vain chez elle, ou chez d'autres, une trace des réactions de l'actrice lisant les imprécations provoquées par son film.

Dans la biographie que lui consacre Gavin Lambert, George Cukor, metteur en scène du film, et principal responsable du désastre (ne l'avait-on pas salué comme tel, après le triomphe de *Camille* ?) a évoqué avec émotion les péripéties du tournage, le désarroi de Garbo : « Sur le plateau, je sentais que le film était "maudit", voué à l'échec. Si vous saviez pourtant comme Garbo était pétillante, spirituelle – au moins dans sa vie personnelle. Mais tout s'est détraqué… Elle était crucifiée, humiliée… »

Le même Cukor ne s'indignait pas moins que l'on imputât à cet échec la décision que prit alors Greta

Garbo d'interrompre sa carrière. C'est là, selon lui, « une simplification grotesque... Elle fut blessée de l'accueil fait au film, bien sûr, mais je suis persuadé qu'elle y trouva surtout l'occasion de renoncer... » On ne saurait lui donner tout à fait tort. Mais l'« occasion », qui la lui avait offerte ?

Renoncer... *I think I'll go home* (« je crois que je vais rentrer chez moi ») est probablement la phrase que Greta Garbo prononça le plus souvent à Hollywood, de 1925 à 1942. Le plus étrange est qu'elle ne mit à exécution ce projet obsessionnel ni après le départ de Stiller, ni après sa rupture avec Gilbert, ni après l'avènement du parlant, ni après le triomphe de *Camille*, chant du cygne idéal, ni après celui de *Ninotchka,* et qu'elle attendit, pour ce faire, d'avoir été traînée dans la boue par la critique et les « commères ».

On fera valoir que la fille des pauvres banlieusards de Södermalm était comme Salvador Dalì « avide de dollars », et qu'une actrice à qui ses employeurs versaient deux cent cinquante mille dollars par film – le plus haut salaire féminin des États-Unis, ce qui ne laissa d'aviver certaines aigreurs – ne pouvait renoncer aisément à de tels avantages.

On ne saurait évoquer ce sujet (l'« avarice » de Garbo étant un sujet aussi souvent traité que la longueur de ses pieds...) sans citer ce trait, rapporté dans une interview par Clarence Brown. Alors que son contrat prévoyait qu'elle avait encore un film à tourner pour la MGM – *La Fille de Leningrad*, exaltant la résistance russe – Louis B. Mayer, impatient de se débarrasser d'elle, la convoqua en vue de lui remettre un chèque de deux cent cinquante mille dollars pour solde de tout compte… Refus de Garbo : « Je n'ai pas tourné de film, je ne peux rien accepter de vous… » Ce faisant, la Divine provoqua sans doute la plus vive surprise qu'ait jamais éprouvée le *mogul* de la Metro…

Retraite définitive ? Dans son *Hollywood, années folles* déjà cité, Garson Kanin, qui, sans être un ami, la connaissait bien et l'admirait avec passion, présente différemment l'état d'esprit de Garbo après le naufrage de *La Femme aux deux visages* : « Très affectée, elle décida de cesser de tourner pendant quelque temps, afin d'essayer de se renouveler. Cette année sabbatique se prolongea, s'éternisa. Les projets s'accumulèrent sans que jamais l'un d'eux puisse prendre vie… En 1941, Garbo avait trente-six ans, elle aurait pu espérer des succès plus grands encore que ceux qui avaient fait sa gloire, et pendant longtemps. Je fus l'un de ceux qui tentèrent de la ramener au cinéma. Mais après une carrière longue et remplie d'embûches, Garbo n'avait plus suffisamment d'énergie pour se battre. »

Comme nous ne la verrons pas…

Pour ceux qui, comme nous, sans minimiser certes le mythe de l'enchanteresse solitaire, tiennent Greta Garbo pour une des actrices de ce siècle qui, à partir de l'envoûtement provoqué par son visage et son regard, s'appliqua, de *Camille* en *Ninotchka*, à devenir une comédienne sans égale dans l'univers du cinéma, ce livre pourrait s'arrêter là. Un demi-siècle avant sa mort…

Cette « histoire d'amour avec la caméra » qu'ont vue se dérouler metteurs en scène et partenaires fascinés par le rapport tout à fait extraordinaire établi entre un visage buveur de lumière et l'appareil inventé pour le boire jusqu'à l'ivresse, cette histoire close en 1941 ne saurait appeler de suite, si le mythe n'avait survécu avec une telle intensité à sa traduction en images, si cette retraite surtout n'avait été peuplée de tant de rêves ou de projets.

Elle ne « tournera » plus, pendant le demi-siècle qui lui reste à vivre, c'est un fait. Mais, de 1942 à 1960 environ se déploie une « cinématographie-de-Garbo » virtuelle, presque aussi belle que la vraie, inventée par les plus grands maîtres de l'écran qui ont rêvé de la diriger. Lequel des adorateurs que nous sommes ne l'a « vue » ou cru la voir dans *La Cerisaie* ou *Les Trois Sœurs*, dans la reine de Naples proustienne ou dans l'errante impératrice Elisabeth, dans *La Duchesse de Langeais* – ou dans *Hamlet*, peut-être ?

Il s'est trouvé des fervents de Rimbaud pour tenter de nier son silence en publiant une *Chasse spirituelle* qui était moins un pastiche qu'un hommage désespéré au voyant. Nul adorateur de la Divine n'a tenté de peupler son demi-siècle d'absence par quelque reconstitution laborieuse. Mais il s'est trouvé tout de même une vingtaine d'auteurs, metteurs en scène, poètes ou cinémaniaques pour tenter de ranimer les amours entre Garbo et cette machine qui sut inspirer et traduire son génie.

Dans le livre-florilège si sûr et si chaleureux qu'il a consacré à la Suédoise, Patrick Brion a établi un catalogue de ces merveilles avortées, au fur et à mesure de leur éclosion. On ne poussera pas aussi loin que lui la minutie nostalgique. Mais, d'abord pour rendre hommage à ceux qui surent mesurer la grandeur de cette absence en tentant de la conjurer, ensuite pour nous donner la joie sans frontière de rêves inaccomplis, nous retiendrons quelques-unes de ces merveilles des limbes qui sont, Malraux nous l'a dit, peuplés de miroirs, et où jouent, chantent, peignent et composent le petit frère de Mozart et la fille de Vincent Van Gogh.

Rêver de « Garbo dans… » n'a pas pour origine la retraite de l'actrice au début de 1942. Il n'est pas de grand metteur en scène de sa génération, ou de grand créateur de film – à l'exception de Carl Dreyer, adorateur des visages mais peu enclin à faire tourner des stars –, qui n'ait rêvé de la diriger, de Chaplin à Ophüls, de Bergman à Visconti.

Le plus somptueux de ces rêves fut celui que fit, au milieu des années trente, le grand Max Reinhardt. Il ne se proposait pas moins que d'associer Greta à Shakespeare, dans *Le Songe d'une nuit d'été*. D'après son fils Gottfried qui allait devenir le collaborateur et l'ami de Garbo, il avait mis sur pied une distribution sans égale, la plus éclatante de l'histoire, pour le plus grand des dramaturges. Qu'on en juge : dans le rôle de Titania, Garbo ; dans celui de Bottom, Chaplin ; Oberon serait John Barrymore ; Lysandre, Gary Cooper ; Thisbé, W. C. Fields… Hermia serait Joan Crawford ; Helena, Myrna Loy ; Lion, Wallace Beery ; et Puck… Fred Astaire – Arnold Schönberg étant chargé de la partition musicale !

Il n'est jamais interdit de rêver, surtout pas aux hommes de génie, à propos d'artistes majeurs, et au sujet d'une comédie nocturne de Shakespeare… Le fait est que la distribution idéale imaginée par Reinhardt s'évapora, et que s'il réalisa *Le Songe*, en 1938, il dut se passer de Garbo, comme de Chaplin ou d'Astaire, Titania étant jouée par Anita Louise et Puck par Mickey Rooney.

On retrouvera le nom de Garbo lié à celui de Shakespeare, mais plus tard. C'est vers un autre écrivain britannique, Aldous Huxley, que se tournèrent plus modestement les patrons de la MGM aux derniers temps de la carrière de la Divine, pour la maintenir sur les sommets où l'avait projetée sa *Dame aux camélias*.

On a déjà fait allusion au projet d'une *Madame Curie*, dont le scénario était confié à l'auteur du *Meilleur des mondes*, familier du « salon des Viertel ». Huxley l'écrivit – avec la collaboration de Salka – au cours de l'été 1938, tandis que Garbo et Lubitsch préparaient *Ninotchka*.

Marie Curie n'y était pas seulement exaltée en tant que chimiste géniale en quête du radium : le romancier anglais mettait aussi en évidence ses liaisons avec tel ou tel des assistants de son mari (sans que la moindre allusion précise fût faite à Langevin...). Elle faisait l'amour, avait-il découvert, sous le portrait de son mari. Ce trait déplut à Greta qui voyait en Marie Curie un génie féminin, plutôt qu'une de ces vamps qu'on lui faisait jouer jadis... Est-ce pour cette raison que le projet fut abandonné ? Ève Curie avait fait à son propos les plus expresses réserves, bien qu'elle eût apprécié que sa mère fût incarnée par Greta Garbo...

A quel personnage de l'histoire contemporaine peut faire penser, à partir de 1942, Garbo l'errante, traînant à travers le monde une nostalgie souveraine ? A Elisabeth d'Autriche, bien sûr, à l'impératrice dolente et rebelle qui, rejetant le règne et la cour de Vienne, promenant pendant trente ans sa grâce solitaire de Corfou aux vallées alpines, ira mourir au bord du lac de Genève, poignardée par un anarchiste. Le rôle était taillé pour elle, Max Ophüls en eût fait un miracle de mélancolie. Il préféra tourner *Lola Montès*.

Jean Cocteau admirait si fort Greta Garbo qu'il avait écrit, disait-il, le rôle d'Elisabeth des *Enfants terribles* en pensant à elle. Et il est clair qu'il aurait souhaité l'avoir pour interprète de son *Aigle à deux têtes*, libre interprétation du face-à-face d'Elisabeth d'Autriche avec son assassin.

C'est par admiration aussi que Katharine Hepburn, l'une des très rares dames de Hollywood qui ait pu s'y risquer, demanda à Garbo d'être sa partenaire dans *Le Deuil sied à Electre*, d'Eugène O'Neill, très libre transposition moderne de la tragédie d'Euripide. Un inceste à Hollywood ? Garbo mère de Hepburn ? Le projet formé par celle-ci en 1944 fut abandonné – mais réalisé quelques années plus tard, avec la tragédienne grecque Katina Praxinou dans le terrible rôle de Mrs. Mannon prévu à l'origine pour Garbo.

Quand la merveilleuse idée de confier à la Divine le rôle de la châtelaine de *La Cerisaie* vint-elle à Garson Kanin ? Nous savons que l'auteur de *Hollywood, les années folles*, était de ceux qui ne se résignaient pas à la retraite de la Suédoise. « J'eus l'idée, écrit-il, de tirer un film de *La Cerisaie*, avec elle dans le rôle de Mme Ranevskaia. Lors de nos premières entrevues à ce sujet, elle me surprit par sa connaissance profonde de Tchekhov et de son œuvre. Nous en parlâmes pendant des mois. Je ne réussis jamais à obtenir d'autre réponse que "peut-être", et, le temps passant, le projet se dilua[30]. »

Euripide, Shakespeare, Tchekhov... Nous sommes au bon niveau. C'est à peine déchoir que d'évoquer le projet qu'elle étudia ensuite, une adaptation de la *Sainte Jeanne* de George Bernard Shaw. On a évoqué déjà un projet en ce sens, le scénario d'une *Jehanne d'Arc* écrite en 1933 par sa chère Mercedes de Acosta, qu'elle lut et rejeta pour des raisons non formulées. On a dit en tout cas que Louis B. Mayer y était fort opposé, alors que Thalberg souhaitait lui voir incarner la Pucelle, ce à quoi elle aspirait elle-même, excédée des gourgandines et rêvant toujours de masculinité, au moins vestimentaire. Le fait est que ni dans la version Shaw ni dans la version Acosta la Divine ne trouva l'occasion de revêtir l'armure pour lever le siège d'Orléans.

Encore une héroïne française. En 1947, le très entreprenant producteur Walter Wanger s'entiche d'un projet de l'infatigable Salka Viertel : Garbo en George Sand... Au bras de Musset, ou de Chopin ? C'est le nom de Musset qui est alors beaucoup cité – et, pour l'interpréter, celui du merveilleux

Montgomery Clift, l'un des acteurs dont le vibrato très contenu pouvait le mieux s'accorder au sien – et qui eût peut-être incarné le musicien mieux encore que le poète. Le projet fut vite abandonné, mais non la relation établie entre la Divine et le jeune comédien – que nous retrouverons.

Si Greta n'eut pas la chance de fumer les cigares de l'explosive Mme Sand, elle n'eut pas non plus l'occasion de s'affubler de la jambe de bois de Sarah Bernhardt dont David Selznick voulait produire une biographie filmée. Une revue mit en compétition, auprès de ses lecteurs, le nom de l'interprète idéale : Garbo l'emporta aisément sur ses rivales, notamment Bette Davis. Mais nul producteur, pas même Selznick, n'accepta, en fin de compte, de courir le risque.

Pirandello, Strindberg, Balzac... Toujours le bon niveau : à la fin des années quarante, le nom de la Suédoise errante continue d'être associé à ceux des plus prestigieux dramaturges, des plus grands romanciers. De Pirandello, dont elle a été déjà l'interprète en 1932 dans *Comme tu me veux (Come tu mi vuoi)*, on lui propose à nouveau de jouer un personnage dans *Comme avant, mieux qu'avant* (*Come prima, meglio di prima)* : en vain. Elle va même jusqu'à refuser de jouer l'un des chefs-d'œuvre de son compatriote August Strindberg, l'un des dieux de sa jeunesse, *Mademoiselle Julie*, que met en scène son ancien condisciple de l'Académie dramatique de Stokholm, Alf Sjöberg : il se rabattra sur une bonne actrice, Anita Björk, dont l'interprétation, face à Ulf Palme, fera forte impression au festival de Cannes de 1951.

Le seul de ces projets qui commença vraiment de prendre forme, Greta ayant donné son accord, fut en 1949 celui d'une adaptation de *La Duchesse de Langeais*, la nouvelle de Balzac que Jean Giraudoux avait adaptée huit ans plus tôt pour Edwige Feuillère – une performance qu'admirait beaucoup Garbo, comme elle le confia à Maurice Bessy en 1947.

Walter Wanger, ayant renoncé au projet *George Sand,* s'accrocha bravement à celui-ci. C'est à Max Ophüls (quel meilleur choix ?) qu'il proposa de diriger la Divine, et James Mason fut choisi pour jouer le rôle du général de Montriveau. Garbo se contenta-t-elle de « faire semblant » ? Non. Tout montre qu'elle avait décidé, cette fois, de prendre le risque d'une « rentrée » si longtemps exclue : elle avait passé huit ans loin des caméras et elle avait alors quarante-quatre ans.

Le principal bailleur de fonds était l'Italien Angelo Rizzoli, qui exigea, pour se résoudre au premier versement, que l'on lui fît faire « un bout d'essai »... Un bout d'essai, à la Divine ? N'était-ce pas insultant ? Wanger, effrayé d'en parler à Garbo, eut la surprise de l'entendre accepter d'emblée. Et rendez-vous fut pris pour le 5 mai 1949, dans les studios de Chaplin à Hollywood.

On dispose d'une excellente évocation de cet étrange épisode : le récit qu'en a fait le cameraman

James Wong Howe, dans l'esprit duquel ce « bout d'essai » visait à tester, non Garbo, mais lui-même :

«Elle est arrivée au studio venant de la plage, sans aucun maquillage. Je m'attendais à voir paraître six costumiers et une douzaine de maquilleurs, s'affairant autour d'elle. Mais au lieu de cela, elle s'excusa et revint une demi-heure plus tard, s'étant maquillée elle-même. Elle avait revêtu une petite blouse noire mais gardé ses chaussures de plage[31]... » James Wong Howe est visiblement sous le charme...

La bande résultant du « bout d'essai » effectué par la plus illustre actrice de l'époque fut retrouvée par des archivistes du cinéma. Elle est intégrée à un film consacré à Garbo dans une série bêtement intitulée « Stars en stocks » (!). C'est une indescriptible merveille. A quarante-quatre ans, à peine maquillée, Garbo est plus librement belle et envoûtante que dans *Christine* ou *Camille.* La lumière du regard, la grâce faunesque des gestes, le flot fauve des mèches soudain rejetées, l'explosion du rire, ce bonheur d'animal en train de s'ébrouer – voilà bien LA femme dont rêvaient les Surréalistes, que méritaient Tchekhov ou Schnitzler...

Garbo fut-elle humiliée par cette épreuve ? Rien, dans son comportement, ni dans son propos, ne le laissa voir. Elle fit preuve une fois de plus d'un « professionnalisme » accompli. « Le résultat fut si renversant, écrit Gary Paris, que même ces crétins de financiers ne purent le nier et lâchèrent un peu d'argent[32]. » Le début du tournage fut fixé au début de l'été en Italie, et miss Garbo partit passer quelques semaines à Rome, en attendant.

C'est alors que Walter Wanger se trouva aux prises avec de terribles ennuis financiers, dus notamment à des dépassements budgétaires lors du tournage de la *Jeanne d'Arc* de Fleming. Ainsi Ingrid Bergman, interprète de la Pucelle, contribua-t-elle à faire échouer le projet de retour à l'écran de son illustre compatriote. A quoi s'ajoutèrent des quiproquos, querelles d'intermédiaires, embrouilles de financiers et potins de presse, du genre « Qui veut encore de cette vieille gloire ? » Le tout pour aboutir à un fiasco qui, plusieurs témoins l'affirment, la blessa profondément. (Peut-être souffrit-elle aussi de constater, en comparant les contrats, que Wanger lui offrait, à elle, cinquante mille dollars, et à James Mason, bon comédien parmi tant d'autres, le triple ! Box-office de la fin des années cinquante...)

Dans ses mémoires, Salka Viertel attribue une importance capitale au naufrage de *La Duchesse de Langeais* : « Cette combinaison de dilettantisme, d'égocentrisme et de mépris pour la sensibilité d'une grande actrice n'a jamais été surpassée dans toute l'histoire du cinéma. C'est cela qui conduisit Greta Garbo à une retraite définitive...[33] »

Définitive, vraiment ? C'est ce que se refusent encore à croire quelques-uns des maîtres du cinéma vivant – G.W. Pabst, Ingmar Bergman, Orson Welles et Luchino Visconti entre autres.

Le premier, dont on n'a pas oublié qu'il avait dirigé Greta semi-débutante dans *La Rue sans joie*, lui proposa de jouer dans *Ulysse* le triple rôle de Circé, de Calypso et enfin de Pénélope. Elle refusa, bien qu'elle admirât fort l'œuvre du grand cinéaste autrichien.

Ingmar Bergman a-t-il vraiment proposé à Garbo de jouer dans *Le Silence*, où excella Ingrid Thulin ? On se contente ici de rapporter, sans preuve, ce qui fut alors écrit ici ou là, tant l'idée d'une symbiose Garbo-Bergman, sous le signe du silence érotique, donne à rêver.

Rêve encore, le projet attribué à Orson Welles de raconter *Les Amours de D'Annunzio et de la Duse*, et de les faire interpréter par Charles Chaplin et Greta Garbo ? Gary Paris affirme tranquillement que le grand Orson – qui connaissait assez bien Garbo, admirait l'actrice mais ne l'aimait pas en tant que femme – avait au moins rédigé l'histoire de ceux qu'il appelait « les deux monstres de l'hyper-romantisme décadent ». Mais ni l'un ni l'autre des deux « monstres » du cinéma ne voulut relever ce défi...

Moins abracadabrant : Luchino Visconti, projetant en 1962 de tourner une adaptation partielle d'*A la recherche du temps perdu*, souhaite confier à Garbo le rôle, bref mais scintillant, de la reine Sophie de Naples. On sait que le projet n'aboutit pas, Marcel Proust attendant toujours (même après l'honorable tentative de Schlöndorff) « son » cinéaste.

Faute de Proust, Greta Garbo envisagea de jouer, de Wilde, *Le Portrait de Dorian Gray* : le rôle titre bien entendu... S'il fallait trouver le visage du monde le plus apte à cacher la pire des turpitudes sous la perfection des formes, l'idée était bonne. Elle était d'autant plus séduisante que Greta s'était mise dans la tête d'avoir pour partenaire, dans le rôle de la jeune victime de Dorian, une quasi-débutante nommée Marilyn Monroe...

La Divine, en Dorian Gray le perverti, ne tenta aucun maître (Patrice Chéreau était à peine né...), pas plus qu'en *François d'Assise*, qui avait inspiré un scénario à Huxley. Dans l'esprit du romancier anglais, Garbo devait jouer le rôle de la sœur du *poverello*, Claire. Mais la Suédoise exigeait de jouer le rôle de François, suscitant l'embarras – « Et la barbe ? » objecta Huxley... Et c'est elle qui repoussa la suggestion de Salvador Dalì : jouer Thérèse d'Avila... Eût-elle préféré être saint Jean de la Croix ?

Le rôle des rôles enfin, ce *Hamlet* qu'avait joué – très mal dit-on – Sarah Bernhardt, lui était-il inaccessible ? Elle y pensa, toujours en quête de masculinité, inlassable *bachelor*. Les amis anglais auxquels elle s'en ouvrit – Aldous Huxley, Christopher Isherwood, Cecil Beaton – ne l'encouragèrent pas. Tout de même, imaginez la fille-garçon de

Södermalm dans les brumes si voisines d'Elseneur, face à Charles Laughton en Claudius, à Vivien Leigh en Ophélie…

Actrice, Greta Garbo est donc morte deux fois : après *La Femme aux deux visages*, « ratage » comme tous les grands acteurs en ont connu plusieurs dans leur carrière, et après l'avortement de *La Duchesse de Langeais*, où elle vit comme un rejet non plus d'une performance, mais de la souveraineté qu'elle exerçait, sous des formes diverses, depuis vingt-cinq ans. Après *La Femme aux deux visages*, elle était à l'île d'Elbe. Après le ratage de *La Duchesse de Langeais*, elle est à Sainte-Hélène…

Ruine de ce visage miracle ? Ernst Lubitsch, on l'a vu, se disait stupéfait de ne jamais la voir s'arrêter devant un miroir. Mais d'autres, Cukor notamment, et dès l'époque de *Camille*, l'avaient surprise guettant passionnément l'approfondissement d'une ride, entre les yeux, dont elle jouait très bien, mais qui s'incrustait… Et on a déjà évoqué son souci de ne pas « abîmer le mythe » en dévoilant la moindre atteinte au visage qui en était une donnée essentielle.

Mais les portraits posés pour Cecil Beaton en 1946, les clichés que prend George Hoyningen-Huene en 1951, les photos de vacances des albums de ses amis Rothschild vers 1960, montrent bien, à peine striée, la structure un peu durcie, le masque incomparable de Christine ou de Marguerite. La grande fuite, la longue traque, l'errance de près d'un demi-siècle, ce n'est pas – pas seulement – la dissimulation d'une image altérée – mais peut-être plutôt le rejet d'un pouvoir obsédant, de cette « divinité » qui ne peut plus être supportée ou regardée que dans la pénombre ou dans l'absence.

Pouvoir de l'absence

Je règne par l'étonnant pouvoir de l'absence.
Victor Segalen

« Garbo, présente-absente parmi nous [...] trop grande pour le cinéma devenu trop petit [...] a choisi de s'enfermer dans le silence. Survivante du crépuscule des dieux, son mystère et sa solitude nous font mesurer l'évolution qui s'est accomplie. Comme en signe de deuil, comme aussi pour se garder de la corruption du monde et du temps, elle dissimule ses traits sous un chapeau sans grâce et d'épaisses lunettes noires. Et c'est son immortel visage que notre souvenir voit rayonner sous son voile[34]. »

Edgar Morin publie (ou republie) ces lignes en 1972, plus de trente ans après la retraite de Garbo, près de vingt ans avant sa mort. Il ne se situe pas dans la problématique qui est celle de ce livre – la maîtrise, par l'art, d'une merveille de la nature – mais plutôt dans celle d'un phénomène social, la captation et rétention durable, par tel personnage, de l'imaginaire collectif : la mythification (qui peut être d'ailleurs le fait d'un artiste médiocre, pour peu qu'il ou elle ait un type, une « gueule », comme John Gilbert on l'a vu, ou plus tard Tyrone Power...).

Le sociologue observe que le mythe peut survivre à l'action dramatique – ce mythe que je croisai aux Tuileries, en 1951*, au temps où, les beaux projets formés en ces années-là n'ayant pas abouti, Garbo, actrice, nous avait abandonnés. Dans la mesure où il s'ouvre sur l'apparition créatrice d'une actrice retraitée, ce petit livre montre bien que, contredisant le projet de l'auteur, le mythe survit à l'exercice d'un art.

Mais n'est-ce pas encore un rôle que joue, privée de la caméra et de William Daniels, de George Cukor et d'Ernst Lubitsch, la grande comédienne en qui Fellini voyait « la fondatrice d'un ordre religieux appelé cinéma » ? Christine abdiquant, Marie délaissée ou Camille expirante, qui est-elle encore et qui n'est-elle pas ? Seule, et retirée de son art, vraiment, avec les fantômes de Stiller, de Jack ou de Thalberg, cette femme qui parle d'elle, de son passé de cinéma, comme de celui d'*a young man in California* ?

On sait qu'elle est bien l'irréductible *bachelor* que se promettait de rester la reine Christine, décourageant tous les « prétendants » (Pabst voulait lui faire jouer Pénélope...) de Gilbert à Stokowski, de Gayelord Hauser à Cecil Beaton, qualifiés publiquement de « bons amis ». Elle n'a pas eu d'enfant

* Autre instantané parisien, postérieur au mien, mais plus aigu. Il est de Jacques Audiberti ! « Je l'ai vue, aussi, grande, en personne, de dos, rue de la Boétie, à l'angle de la rue de Miromesnil. Elle était coiffée d'un entonnoir noir. Elle portait un sac en paille. L'ensemble était marron et ses pieds étaient longs. »

– aucun en tout cas dont des dizaines d'enquêteurs impitoyables aient pu retrouver la moindre trace. Au lendemain de sa mort, le journal new-yorkais *Variety*, tenu pour l'« officiel » du cinéma, concluait sa nécrologie par ces mots : « *No known survivors* (pas de descendant connu) ». C'est sa nièce Gray Reisfield, la fille de son frère Sven, qui sera son unique héritière.

Mais, une fois faite la distinction fameuse « *I don't want to be alone, I want to be* left *alone* », Garbo, divorcée de l'écran, connue de ses amis sous le nom « Miss G. » (prononcer *dji*) mena à travers le monde, de Hollywood déserté en 1942 à New York, puis Stockholm, Londres, Paris, Rome, Le Cap-d'Ail, Klosters et enfin New York (450, 52e Rue est) une vie errante certes (« *I am just a gipsy* », « je ne suis qu'une bohémienne ») mais beaucoup plus peuplée que le veut la légende.

Elle eut de vrais amis des deux sexes. Pour ce qui est des femmes, elle put toujours compter sur la chère Salka Viertel (dont elle était très souvent l'hôte à Klosters, en Suisse, et qui mourut en 1978, douze ans avant elle) ou sur Jane Gunther, la femme du grand journaliste new-yorkais John Gunther qui la recevait souvent à sa table à New York ; de Cécile de Rothschild, dont l'appartement, 25, rue du Faubourg-Saint-Honoré, à côté de l'ambassade d'Angleterre, était son domicile parisien, à Mimi Pollack, sa très fidèle condisciple de l'Académie dramatique de Stockholm.

Aucune de ses relations – sinon celle de Jane Gunther – n'est tout à fait exempte d'interrogations. Durant son règne hollywoodien, comme dans les années cinquante et soixante, le saphisme était l'un des sujets favoris des « commères » de presse et des papotages de Beverly Hills. On parlait de *baritones babies* et de *Gillette blades* (« à deux faces »). Louise Brooks, dans ses mémoires, *Lulu in Hollywood*, nourrit cette légende, suggérant que la Divine lui aurait fait des avances, évoquant même une « tendre » nuit avec elle. Et on sait à quel point Mercedes de Acosta contribua à accréditer ces supputations.

Amie de la « Miss G. » des années soixante, et bien au-delà, Betty Estevez, dont le nom fut cité à ce sujet, exclut toute relation d'un tel type avec Garbo. Non sans ajouter qu'« en bonne Suédoise », son amie avait « du goût pour toutes les merveilles de la nature » et était peu sensible aux interdits sexuels : « Elle aimait ce qui était beau... » Mais, ajoute Betty Estevez, « quand je l'ai connue, très belle encore, elle ne portait plus d'intérêt aux choses du sexe[35] ».

Certains « garbologues » ont tenté de la définir, comme « biologiquement bisexuelle, à forte inclination homosexuelle, évoluant assez tôt vers l'asexualité ». Bien dit. Trop bien peut-être. Mais le fait est que si l'évocation de ses liaisons féminines requiert des méthodes d'investigation inquisitoriales, celle de ses amours (ou, pour utiliser le vocable anglo-saxon, de ses *affairs*) masculines ne demande qu'un minimum d'attention, de discernement et, éventuellement, de tact.

On ne saurait prétendre à être exhaustif. Et comment, et pourquoi d'ailleurs, le serait-on ? Garbo a eu des amants. Une telle beauté, si ambiguë soit-elle, ne saurait aller sans susciter des ardeurs qui ne sont pas, elles-mêmes, sans provoquer des réactions. Du temps où se déroulait sa carrière dramatique, ces échanges passionnels devaient être tenus pour des données importantes de son art comme de sa vie : sans l'étrange liaison avec Stiller, sans la passion éprouvée par et pour Gilbert, sans le rapport indéfini avec Mamoulian ou Hauser (ou avec Stokowski), le « chef-d'œuvre Garbo » n'eût peut-être pas été le même.

A partir du début de 1942, les liaisons de l'exilée nous intéressent moins, dans la mesure en tout cas où elles n'ont pas contribué à la maintenir dans son exil, où tel voyage avec Beaton, Hauser ou Schlee ne l'a pas détourné d'incarner Mme Curie ou la duchesse de Langeais. Mais il faudrait être un bien piètre admirateur de la Divine pour ne pas porter une attention crispée à ses amours.

Ne retenons, de ces liaisons du *bachelor* errant, de la bohémienne aux lunettes noires, que les trois ou quatre épisodes qui relèvent, si l'on peut dire, de l'« histoire de l'art » – dans la mesure où le partenaire eut lui-même une activité esthétique, ou contribua à abréger la carrière de Garbo. On a fait allusion à l'« affaire » avec Stokowski, qui, passant par la baie de

Naples et les îles suédoises, relève d'une théâtralité plus proche de la comédie que de la tragédie. La Divine fut-elle, en l'occurrence, la Moqueuse, plus proche de Célimène que d'Isolde, le musicien faisant moins penser à Hans von Bulow attaché à Cosima qu'à un histrion en quête de publicité pour ses projets cinématographiques ?

Beaucoup moins publiée, mais plus significative, fut une brève liaison nouée par Garbo à l'automne de 1941, après la fin du tournage de *La Femme aux deux visages*, avec le romancier allemand Erich-Maria Remarque, dont *A l'ouest rien de nouveau* et sa liaison tumultueuse avec Marlène Dietrich avaient fait une vedette. Est-ce du fait que Miss Dietrich venait de rencontrer Jean Gabin ? Remarque, se retrouvant assis près de Garbo lors d'une présentation de *Gösta Berling,* est frappé par ses éclats de rire à la *Ninotchka*. Le voilà envoûté. On se revoit de façon plus intime. Le journal du romancier[36] nous fait voir, sans beaucoup de gêne, après qu'elle a retiré son chemisier « la douce peau brune, sous la lampe, dans la chambre, la soie des cheveux blonds, les épaules plus belles que celles de « Puma » (le sobriquet qu'il donne à Marlène Dietrich) qui sont trop hautes... L'absence totale de sentimentalité, de mélodrame, et tout de même pleine de chaleur... »

L'autre dame s'alarma et, selon Karen Swenson[37], tenta de persuader le romancier que Garbo était atteinte de la syphilis, et le soumit à un tel « bombardement de jalousie » qu'il y trouva, Gabin ou pas, la preuve qu'elle lui restait attachée. En fin de compte, bien qu'il eût confié à la Suédoise que pour Dietrich « les hommes sont comme des hôtels, les uns plus confortables, les autres moins, que pour elle ça ne fait guère de différence », c'est vers « Puma » qu'il retourna... Doté de trois étoiles ?

On ne saurait dire que Cecil Beaton, photographe de cour, se comporte, en ce domaine, avec plus d'élégance que le romancier allemand. Homosexuel notoire, il ne peut dissimuler la satisfaction que lui procura la conquête simultanée de l'hétérosexualité et de Greta Garbo. Convenons-en : tant qu'à bénéficier d'un miracle, autant le devoir à une divinité.

Le célèbre photographe des « royalties » avait rencontré Garbo en 1936 à Hollywood au cours d'une soirée « chaude » qui avait donné à la Divine l'occasion d'être, avec lui, très humaine. Il se retrouve face à face avec elle après la guerre, chez des amis de Manhattan : « Devant Garbo, l'air me manqua... Je dus me cramponner à un fauteuil. Elle avait encore ses yeux d'aigle – bleu-mauve et brillants, des paupières couleur champignon – mais je discernais quelques rides délicates... »

Ils se revoient en 1946, notamment à l'occasion d'une séance de photos que Greta lui a demandée pour son passeport. Ces photos, Cecil Beaton ne sut pas résister à la tentation de les proposer à *Vogue*... bravant la colère de la Divine, qui niait avoir donné son autorisation. Elles sont devenues justement fameuses : une Garbo de quarante et un ans s'y manifeste avec netteté, les traits un peu durcis, mi-sportive, mi-intellectuelle, prête pour l'action, la recherche, la découverte de soi et des autres. Marie Curie ? On en parlait alors…

Mais Cecil Beaton ne s'en tient pas là. Passée la brouille provoquée par la publication des photos dans *Vogue*, il revient à la charge et convainc son illustre amie qu'il est plus apte que quiconque à soigner son dos endolori : et c'est en massant la colonne vertébrale de la Divine qu'il trouve l'occasion de devenir, si on l'en croit, son amant. On n'a, pour s'en convaincre, que les indications dont fourmillent *Les Années heureuses*[38] et surtout les pages du journal intime de Beaton largement utilisées par son biographe Hugo Vickers.

Les notations de Beaton vont d'un « Voulez-vous que nous allions au lit ? » proféré à son adresse par Garbo à un « Je ferai de vous un homme », de la même au même, s'agrémentent d'exclamations du rédacteur : « Nous avons fait ce soir-là l'amour de façon sauvage », « Je suis d'une violence tellement inattendue, et j'ai de l'énergie en réserve quand il le faut », ou de confidences de son ami Truman Capote, telles que : « Cecil était l'une des rares personnes qui put lui donner du plaisir physique… » (ce que les amants aiment s'entendre dire – et certains d'entre eux raconter à la cantonade…).

Cecil Beaton fut, pour tant de triomphalisme, tenu à l'écart de la cour de Saint-James, où l'on estime qu'un vrai gentleman se doit d'être, en ces affaires, moins éloquent. Si le photographe, comme il ne cesse de le répéter, crut pouvoir convoler avec la Divine, ce n'était évidemment pas en claironnant sa « conquête ». Il poussera la muflerie jusqu'à écrire, dans son journal, « j'avais gagné une bataille, mais perdu la guerre... » Garbo n'avait décidément pas beaucoup de chance avec les hommes...

Et que dire de Gayelord Hauser, ce diététicien qui devint, à partir de la fin des années trente, une vedette mondiale à faire pâlir Stokowski, en faisant absorber par ses victimes des bouillies de navet et des jus de maïs ? Garbo, déjà pervertie par les régimes orientaux adoptés sous l'influence de Mercedes de Acosta, s'enticha de ce M. Purgon beau comme une statue d'Arno Breker, et qui, lui, ne dissimulait pas sa liaison avec un administrateur nommé Frey Brown – mais qu'il eut le bon goût de ne point emmener dans les innombrables voyages qu'il fit avec « Miss G. »

Plus intéressante est l'histoire que vécut la Divine avec George Mathias Schlee – ou mieux avec le couple formé par ce personnage indéfinissable et Valentina Sanina, sa femme, Russe comme lui. C'est par elle, couturière, styliste, décoratrice de théâtre, dont la boutique, sur la 5e Avenue, était un haut lieu du New York mondain, que le nom de Schlee devint fameux. Par elle aussi, éblouie d'avoir Garbo pour cliente et parfois pour modèle, que se noua la liaison de son mari avec Garbo.

George Schlee était un « homme d'affaires ». De quelles affaires ? La réponse à cette question ne saurait trouver place ici. Le fait est qu'il s'occupe de celles de Greta Garbo à partir de la fin de la guerre, peut-être pour son bien dans la majorité des cas, à coup sûr pour son mal quand il prétend négocier son contrat relatif à *La Duchesse de Langeais*, contribuant plus que personne au fiasco final.

Habile ou pas en ses affaires, George Schlee fut la personne la plus liée à la vie de Greta Garbo de la fin des années quarante à 1964, date de sa mort brutale, à la suite d'une crise cardiaque dans une rue de Paris, alors que Greta l'attendait à l'hôtel Crillon. Il est difficile de voir une photo de « Miss G. », à cette époque, sortant d'un avion, entrant dans un restaurant ou cheminant au bord de la Méditerranée, sans que se profile derrière elle la silhouette d'un homme brun, maigre, au visage tourmenté. « Le mystérieux M. Schlee », indiquaient les journaux.

Son amant de la cinquantaine ? Nul de leurs amis ne s'est aventuré à définir la nature de leurs liens. Pour une fois, il ne s'agissait pas d'un homo ou d'un bisexuel. Il est peu vraisemblable qu'accueillant Greta dans sa maison du Cap-d'Ail, Le Roc, où elle passa de nombreux mois de vacances, nageant des heures durant à bonne distance du rivage, il n'ait eu avec elle que des relations d'affaires, voire de tendresse.

Ce qui est certain, c'est qu'à la fin des années cinquante, Greta Garbo, en vacances en Suède, reçut de Schlee un télégramme ainsi rédigé : « Valentina refuse de divorcer pour raisons religieuses. Impossible de nous marier. » Ce que l'on sait aussi, par des amies aussi proches de Greta que Cécile de Rothschild et Betty Estevez, c'est qu'elle fut profondément bouleversée par la mort de Schlee, et ne chercha nullement à cacher son désarroi – révélant ainsi que ce Russe au visage ingrat avait été pour elle beaucoup plus qu'un homme de confiance très voyant.

Ce qui est plus clair encore, c'est que Valentina, qui appréciait peu ces vacances communes de son mari et de « Miss G. » au Roc ou ailleurs, et supportait de plus en plus mal qu'elle occupât un appartement dans le même immeuble new-yorkais qu'elle-même et George, tenait Garbo, officiellement son amie, pour la maîtresse de son mari – encombrante, c'est le moins que l'on puisse dire... L'éblouissante Valentina, dupée, éclaboussée, surclassée par la Divine... Au lendemain de la mort de George à l'hôpital Lariboisière, Valentina Sanina Schlee, assurée d'avoir eu affaire à une sorcière (comme le suggérait, on l'a vu, le metteur en scène Ludwig Berger), fit procéder à l'exorcisme de la villa du Cap-d'Ail...

Sorcière? Ce n'est pas ainsi que l'ont jugée la plupart de ceux qui, de son évasion de la « centrale » de Hollywood à sa mort à quatre-vingt-cinq ans dans un hôpital de New York, l'ont vue vivre, voyager, naviguer, flâner devant les vitrines de Madison Avenue ou de la rue Saint-Honoré, chiner chez les brocanteurs du Village, se glisser dans les salles de cinéma, la pénombre établie, pour s'en évader avant la fin.

L'un des groupes qui a entretenu avec elle les relations les plus heureuses est à coup sûr celui qu'on peut ranger sous le patronyme commun des Rothschild. Mettons à part Éric de Goldschmidt-Rothschild, leur cousin, qui eut semble-t-il une brève liaison avec elle, en Autriche, vers 1952. Mais pour la plupart des autres, surtout pour Cécile, son frère Élie et sa belle-sœur Liliane, Greta Garbo, dite « Miss G. », ou « Harriet Brown », était une amie de vacances qu'on emmenait sur un yacht autour de la Calabre ou vers les îles Ioniennes, plongeuse, nageuse, joueuse, rieuse, ne rappelant que par éclairs la ténébreuse gitane hantée par les paparazzi.

Hantise qui pouvait prendre des formes amusantes. Était-ce à Santorin, ou à Poros ? Liliane et Élie de Rothschild flânent aux côtés de « Miss G. » dans la rue d'un village grec quand les rattrape et les dépasse un couple à moto, un appareil de photo dans les mains de la fille. Garbo va s'indigner, réclamer son droit à la tranquillité, quand elle entend : « Madame, nous sommes de jeunes mariés : voulez-vous nous prendre en photo ? »

Scène analogue dix ans plus tard, fin septembre 1981, peu après l'installation de Mitterrand à l'Élysée. « Miss G. » et son amie Betty Estevez cheminent sur la petite allée qui longe le palais du côté des Champs-Élysées, quand surgissent deux photographes. Émoi sonore de Garbo : mais en se retournant Betty aperçoit, sortant par la grille du Coq, Danielle Mitterrand, évidemment cible des deux reporters... On eût peut-être surpris ces chasseurs de têtes en leur disant qui ils avaient négligé – s'ils savaient seulement, quarante ans après *Ninotchka*, qui était Greta Garbo*...

En certains cas d'ailleurs, ses compagnes ou compagnons étaient assez fameux eux-mêmes pour distraire l'attention de la Divine en personne. Au milieu des années cinquante, elle fit plusieurs croisières en Méditerranée sur le yacht d'Aristote Onassis avec Winston Churchill, qui lui portait une vive admiration, et n'avait de cesse qu'il ne lui arrachât la promesse d'un retour à l'écran : « Voyons Greta, prenez mon cas : je ne suis devenu Premier ministre qu'à plus de soixante ans, et je le suis redevenu à plus de soixante-dix... » Entre deux discussions avec le grand homme, « Miss G. » était l'objet d'une cour éhontée d'« Ari » Onassis, chasseur de

* Quelques années auparavant, à Édimbourg, un jeune homme est arrêté pour avoir dérobé des photos de la Divine à l'entrée d'un cinéma. Il comparaît devant un juge en perruque qui le sermonne, puis lui demande : « Mais au fait, qui est cette Greta Garbo ? »

femmes s'il en fut. Jusqu'à ce que survînt, en 1959, Maria Callas.

Quatre ans plus tard, quelques semaines avant l'assassinat du président, Greta Garbo était invitée à dîner à la Maison Blanche avec John et Jacqueline Kennedy et la princesse Radziwill. Conduite à la chambre de Lincoln, la reine Christine ne trouva rien de plus naturel que de s'étendre sur le lit de ce président vertueux («J'avais enlevé mes chaussures» devait-elle préciser).

Elle eut droit aussi à un long entretien avec le président qui se déclara étonné par son aisance à commenter les affaires du monde, et précisa qu'il ne s'était jamais remis si tard au travail dans son bureau. Avant de la quitter, il remit à la Divine un cadeau : une dent de baleine, tenu pour un symbole phallique... «Jamais Jack ne m'a rien offert de tel» fit observer, mi-amusée, mi-agacée, la *first lady* – qui, quinze ans plus tard, devenue Mrs. Onassis, et collaboratrice de l'éditeur Doubleday, devait proposer à la visiteuse de l'aider à écrire son autobiographie, de Södermalm à New York. En vain.

Greta avait été profondément blessée par la publication, en 1960, des mémoires de Mercedes de Acosta, *Here Lies the Heart*[39] où s'étalaient, on l'a vu, des confidences que l'actrice jugea indiscrètes et inconvenantes, rompant pour de bon avec l'Espagnole collectionneuse de célébrités – laquelle, après avoir veillé sur les derniers jours de John

Gilbert, noua une liaison avec Marlène Dietrich... Il y a tant de façons d'être fidèle, jusque dans la contradiction!

A l'or pâle de ses longues mèches flottantes se mêlent de plus en plus de fils d'argent. Autour des yeux mauves, de part et d'autre de la grande bouche, entre les sourcils, se multiplient les plis de l'angoisse, de l'amertume. Certains de ses amis suggèrent que la volonté de s'enfermer dans sa condition de *bachelor*, fort explicable du temps où elle consacrait son énergie, toute sa vitalité à son art, où elle vivait une liaison exclusive avec la caméra – la caméra et ses personnages – l'a exilée en fin de compte de la vie. Dès 1948, elle avait confié à Cecil Beaton – du moins celui-ci l'a-t-il écrit : « J'ai gâché les meilleures années de ma vie... Je suis stupide de n'avoir su mieux la partager... Maintenant, je ne suis qu'une bohémienne, vivant une vie en marge[40]... »

De temps à autre, une illumination. La tendre amitié, par exemple, que lui voue celui des jeunes comédiens qui la touche le plus fort : Montgomery Clift, le merveilleux « Monty » de *L'Héritière* et de *Tant qu'il y aura des hommes*, dont Wanger voulait faire le Musset de sa George Sand. Salka Viertel, qui tient Clift pour le meilleur comédien de sa génération et dont elle connaît l'admiration pour Garbo, organise la rencontre. Monty s'avoue d'emblée émerveillé et se met en quatre pour elle. Il la trouve, la cinquantaine passée, plus belle que jamais – et elle très émue par ce feu intérieur, cette face de lecteur de Keats ou de Rimbaud.

Montgomery Clift a évoqué ses longues conversations avec Greta et Salka, leur goût commun pour Heine et pour Tourgueniev, leur admiration pour Hemingway*. Le jeune acteur, avouant qu'il avait pour cette femme, de vingt-cinq ans son aînée, « un gros béguin » (*a big crush*), a raconté que, la raccompagnant chez elle un soir, il ne put se retenir de lui donner un baiser d'amoureux auquel elle ne se refusa point… « Elle avait les lèvres gercées », observe-t-il simplement[41].

Lit-elle beaucoup, au cours de ces longues journées new-yorkaises, entre deux appels téléphoniques auxquels elle ne répond quasiment plus (« Harriet Brown » ou « Miss G. » est absente, articule-t-elle d'une voix neutre), Scott Fitzgerald, qui l'a enchantée ? « J'en lis cinquante pages, emballée, et je n'arrive presque jamais à finir un de ses livres – ni d'ailleurs les autres romans… » Elle passe beaucoup de temps devant sa télévision, lit quantité de revues de cinéma – étrange, de la part de cette femme qui a détesté Hollywood (hormis le « nouveau Weimar » des Viertel) et se refuse le plus souvent à parler de cinéma…

---

* Lui-même assez envoûté par Garbo pour prêter à son Robert Jordan de *Pour qui sonne le glas* un rêve de caresses avec la Divine…

Lors de ses longues flâneries (« marches » est plus juste) dans New York – elle est souvent reconnue, rarement interpellée. Un photographe amoureux nommé Ted Leyson la guette, à l'angle de la 50e Rue et de la 3e Avenue, consacrant sa vie à cette traque obsédée. Certains ne la croisent pas sans conséquence : Jackson Pollock a raconté qu'il n'avait connu l'amour que trois fois dans sa vie, « l'une étant quand j'ai croisé cette femme, errant dans Manhattan »... (Elle avait alors la soixantaine.)

Que d'heures passées à flâner chez les brocanteurs et dans les galeries, souvent avec son ami Sam Green, ou avec Raymond Daum, bons connaisseurs tous deux... Au fil des visites, elle finit par acquérir deux Renoir, un Bonnard, deux Rouault – un Modigliani et un Kandinsky lui ont été aussi attribués. « Des placements », glissera-t-elle à un visiteur... Est-ce bien sûr ? Il se trouve tout de même que, pour des raisons médiocres ou non, son choix se porte sur ces peintres plutôt que sur Jean-Gabriel Domergue... Un « ami » affirme avoir vu chez elle un Picasso accroché la tête en bas. En fait, il est douteux qu'elle eût jamais possédé une toile du maître de Guernica...

Elle aime aller au théâtre, en matinée, avec tel ou tel de ses amis Ray Daum ou David Diamond – ou Cécile de Rothschild qui vient souvent à New York. Admirant Katharine Hepburn, elle court l'applaudir dans *Coco* (une incarnation de Chanel) et tient à assister à une performance de Deborah Kerr, qui n'est pas seulement une grande actrice, mais la belle-fille de son amie Salka Viertel : elle lui fait fête.

Le cinéma ? Elle y va, dans les salles de quartier, se ruant hors de la salle avant la fin du film, visitant la cinémathèque où elle ne néglige pas de revoir un de ses films – *Camille*, étant le seul, on l'a vu, qui trouve grâce à ses yeux. Elle y est souvent reconnue, notamment par Andy Warhol, qui la guettait, et s'en dit fort troublé.

Elle est si distanciée de sa gloire qu'elle se tient à l'écart de l'extraordinaire hommage qui lui est rendu en 1968 par le Museum of Modern Art de New York, le « Moma », qui, après de scintillantes rétrospectives à Paris, à Londres et à Los Angeles, lui consacre un festival « tout Garbo » – sauf *La Femme divine*, dont aucune copie ne put être trouvée... Une semaine avant la première représentation, pas une place n'est libre pour l'une des vingt-six soirées. Les acclamations se succèdent, les gens montent sur leur siège. Et la nouvelle critique, celle qui a succédé aux contemporains de la Divine et qui aime s'affirmer par la contradiction, s'enflamme. La palme de l'enthousiasme va au critique de *Newsweek*, Jack Kroll, qui écrit : « Son génie consiste à représenter tous les objets du désir à la fois – innocence, expérience, force, passivité, tendresse, cruauté... »

Comment réagit-elle à ces dithyrambes ? Un de ses amis, qui sait pourtant qu'elle déteste que l'on aborde ce sujet devant elle, n'y peut tenir. Que pense-t-elle de ce sursaut de gloire, un quart de siècle après sa retraite ? « *I don't get a penny out of it !* » (« Je n'en tire pas un sou... [42] »).

Il lui est venu, avec l'âge, un humour déconcertant. Un jour qu'elle est allée prendre un verre avec une amie dans un bar assez louche proche de la Bowery, un client l'aperçoit et lui lance : « Seriez-vous pas Greta Garbo ? » Il s'attire cette riposte : « Qu'est-ce que Greta Garbo viendrait faire dans un endroit pareil ? » Interpellée une autre fois en compagnie de Liliane de Rothschild : « Êtes-vous Garbo ? », elle réplique, impassible : « *Sometimes...* ».

Mieux : elle rit franchement des blagues qui lui sont faites. Assis à une table voisine de la sienne dans un restaurant, le pianiste Oscar Levant appelle le maître d'hôtel : « Pourriez-vous demander à miss Garbo de cesser de me regarder aussi fixement ! » Aussi quand elle côtoie, dans un ascenseur, abritant son visage sous un grand chapeau de feutre, Groucho Marx. Le moustachu relève un bord du chapeau, la regarde et jette : « Excusez-moi. Je croyais avoir retrouvé un vieux copain de Pittsburgh. »

L'un des lieux qu'elle aura préférés à la fin de sa vie est la petite station suisse de Klosters, près de Davos, où Salka Viertel avait acheté un chalet. Chez sa chère Salka qui l'appelle maintenant « Groucha », à la russe, elle croise John Kenneth Galbraith, Irwin Shaw (qui s'avoue ébloui par sa beauté), Gore Vidal avec lequel, partageant un temps un chalet, elle noue de bonnes relations. On la voit arpenter le chemin piéton vers Davos, et elle passe des heures interminables dans les boutiques de Klosters, à la recherche du pull-over (elle dit plutôt sweater) idéal, qu'elle ne trouvera jamais…

La mélancolie, poignante, ne cesse pourtant de harasser celle qu'un critique anglais a définie comme « la Scandinave la plus sombre depuis Hamlet » : Alice Toklas l'appelle d'ailleurs « Mademoiselle Hamlet »… Il lui reste à subir de très dures épreuves, la mort de Salka Viertel, celles de Cecil Beaton et de Gayelord Hauser, et l'agression de la terrible maladie. On diagnostique en effet, en 1984, un cancer du sein. L'opération (une ablation partielle) se déroule normalement, laissant assez peu de traces, précise son amie Betty Estevez – bien qu'elle se soit refusée à porter la moindre prothèse.

Elle marche encore entre la 2e et la 5e Avenue, de la 40e à la 75e Rue, des heures, trois ou quatre miles par jour, s'arrêtant pour acheter du saumon fumé chez Nyborg and Nelson, des chaussettes chez Bloomingdale. A partir de 1985, elle s'aide d'une canne, mais elle marche. Chez elle, au 450, 52e Rue est, l'attend sa gouvernante, Claire Koger, entrée à son service depuis plus de trente ans – et qui l'appelle par son nom de petite fille, Kata. Elle rentre épuisée : « *I am a finished man…* » (« Je suis un homme fini. »)

Une visite du roi et de la reine de Suède chez elle, un dernier voyage à Klosters où elle reste deux semaines allongée, la mort de Valentina Schlee (dans l'immeuble où elle habite), une fête donnée pour ses neveux à l'occasion de Noël 1989, où elle paraît, selon l'un d'eux, « comme au plus beau de la vieille magie ». Mais le 11 avril 1990, une ambulance vient la chercher pour la conduire au New York hospital, où après quatre jours passés sans souffrance apparente, entourée de sa famille, les Reisfield, elle est emportée par une pneumonie, le dimanche 14 avril, jour de Pâques, dans sa quatre-vingt-cinquième année.

Entre les milliers d'articles qui furent écrits de par le monde en ces heures-là, on retiendra seulement celui d'un journaliste, Jean Daniel, qui n'est pas accoutumé de traiter de cinéma mais qui consacra à Garbo disparue le premier paragraphe d'un éditorial dénonçant par ailleurs les rémanences du stalinisme en Allemagne :

« Alors Garbo ? Oui, Garbo, moi aussi. Après tout le monde. Malgré tout le monde. Pour moi tout a été dit le jour où Mauriac, dans son émoi devant la transparence et la magie du célèbre visage, a évoqué la "christique apparition". Simplement, je n'aurais pas voulu commencer cette semaine un article sans mentionner ce nom, Greta Garbo, rêve et mythe de notre adolescence, repris et revécu aujourd'hui par des millions et des millions de jeunes gens dans le monde[43]. »

Elle fut incinérée dans le New Jersey, après qu'un service religieux eut été célébré dans la chapelle Campbell de New York, où l'on ne vit que sa famille et quelques amis – Jane Gunther, Sam Green, David Diamond… Elle laissait tous ses biens (importants), et les droits afférents à sa carrière, à sa nièce Gray Reisfield. Avait-elle expressément souhaité que ses restes fussent transportés en Suède ? Mrs. Reisfield y visita plusieurs sites à cet effet. On les estima « trop accessibles et propices à des manifestations hystériques » (comme il s'en produisit autour de la tombe de Chaplin…).

Elle avait été accueillie triomphalement à Stockholm en 1928, en 1932, en 1937 et plus encore en 1946. Mais, relève son excellente biographe suédoise Karen Swenson, sa disparition ne fut saluée par aucun hommage dans son pays natal, ni service solennel à la majestueuse Storkyrkan, ni plaque apposée à l'Académie royale de théâtre où elle avait été formée soixante-dix ans plus tôt. Tout donne à penser que ce silence lui aurait plu.

L'errante, la marcheuse, la bohémienne est morte, mais les héros de l'écran ne meurent pas. Leurs films sont là, rayés, bégayants, impossibles, magiques : ils sont là, plus lointains et plus forts pour ceux qui les ont vus dans la fièvre joyeuse ou attristée, dès leur sortie – *Christine*, *Grand Hôtel*, *Camille*…

On n'a pas grand mérite à faire sentir, à l'usage de ceux qui n'en ont pas été témoins, l'envoûtement qu'exerça, à travers le siècle, la longue Suédoise à la démarche de chef scout, aux cils trop longs et à la voix rauque, qui traversait les films comme le fait un ange de Cocteau ou de Wenders, un ange au sexe par définition indécis, à la mission par essence ambiguë, éblouissant de beauté perverse, innocent guide vers les enfers érotiques, labyrinthe de lumières incertaines, victime triomphante, génie d'eau, principe de feu. *Daïmon* pour le meilleur et pour le pire. En fin de compte, Ariane ou Pénélope, porteuse de grâce et de miséricorde.

Mais l'actrice ? On a compris – l'auteur a tenté en tout cas de faire comprendre – qu'au-delà ou en deçà de ce personnage errant à travers le siècle, du fantôme évadé des salles obscures pour hanter l'imaginaire de deux générations d'hommes et de femmes à travers le monde, s'était formée, du fait de l'influence de quelques maîtres mais surtout de son propre travail, acharné, de « bûcheuse » issue des quartiers pauvres et mâchonnant une langue étrangère, une très grande actrice – dont quelques échecs ne peuvent voiler les performances, incomparables en cet art, de *Camille* ou de *Ninotchka*.

L'essayiste anglais Kenneth Tynan, auquel on doit l'une des plus jolies phrases jamais écrites sur la Divine (« Ce que l'on croit voir, ivre, dans les femmes, on le voit dans Garbo, à jeun ») a aussi tenu à son sujet, en tant qu'actrice, quelques propos d'une stupéfiante insanité. « Une grande comédienne doit montrer sa grandeur en atteignant les sommets de l'art dramatique… L'a-t-elle fait dans la mort de *Marguerite Gautier*, dans la scène de la chambre de la *Reine Christine*? Je ne le pense pas… On doit retenir contre elle qu'elle ne s'est jamais mesurée à Hedda (Gabler), à Macha, à Jeanne d'Arc ou à Médée… »

S'agissant de la mort de Marguerite ou du réveil de Christine, on peut admettre que l'opinion de M. Tynan prime celle des plus grandes actrices de l'époque, et même celle des témoins des performances de Sarah Bernhardt ou de la Duse. On peut aussi trouver Braque ennuyeux, Ravel artificieux.

Mais que vaut l'argument selon lequel Garbo, n'ayant joué ni Hedda, ni Macha, ni Médée, est invalidée en tant qu'actrice? On sait qu'il fut plusieurs fois question de lui confier le second rôle, celui des *Trois Sœurs* de Tchekhov, comme celui de *La Cerisaie* (à quelle autre star a-t-on proposé cela?) et que ce n'est point elle, mais l'industrie du cinéma qui refusa. Qui l'a vue dans *Anna Karénine* – rôle immense, rôle décisif – sait bien qu'elle eût été, dirigée par un Ophüls ou un Visconti, une admirable Macha.

Qu'elle ait refusé, après avoir pris sa retraite, de jouer en Suède la *Fröken Julie* de Strindberg, dirigée par son ancien condisciple Alf Sjöberg, manifeste à coup sûr, de sa part, une défaite de la volonté, non une marque d'inaptitude. Qui a fait si bien entendre le refus (accompli) de Christine pouvait, sur un autre ton, exprimer celui (impuissant) de Julie. Et que dire de l'argument de n'avoir pas joué Jeanne d'Arc ? Elle y pensa, on le sait... Mais rien ne permet de faire de ce rôle un test majeur pour une actrice. La grandeur d'une comédienne se mesure-t-elle à l'éclat des coups d'épée donnés ou des épreuves subies par l'héroïne qu'elle est censée représenter ?

Innombrables sont ceux qui ne se consolent pas de ne l'avoir pas vue incarner une des héroïnes androgynes de Shakespeare, Rosalind ou Viola, de ne pas l'avoir écoutée dans la Bérénice ou l'Andromaque que faisait pressentir telle scène de *Camille* ou de *Marie Walewska*. Qu'eût-elle fait de l'étonnante héroïne de Gautier, *Mademoiselle de Maupin*, cavalier devenu demoiselle, ou de la *Seraphita* de Balzac, androgyne mystique inspirée par Swedenborg, comme elle originaire de Stockholm ?

C'est vrai : manipulée par le système hollywoodien qu'elle détestait en esclave consentante, sans oser revenir en Europe jouer Strindberg ou Tchekhov, et trop lasse ensuite pour permettre aux grands artistes, à Bergman ou à Fellini, de la réinventer, de déployer son art, elle n'aura livré qu'un fragment du génie dramatique que révèle la comédienne de la scène du piano de *Camille* face à Henry Daniell, les adieux à la vie de la dame aux fleurs blanches, de l'entrée en amour de la commissaire Nina envoûtée par un très phallique chapeau...

Aucun des maîtres qui l'ont dirigée, de Stiller à Pabst, de Feyder à Mamoulian, de Cukor à Lubitsch, aucun des grands comédiens auxquels elle s'est mesurée, John Barrymore, Erich von Stroheim ou Charles Boyer, n'a mis en doute son aptitude à transmettre, mieux qu'aucune autre, et par les moyens les plus simples, les émotions les plus profondes. Miracle d'empathie entre elle et ces appareils mystérieux maniés par William Daniels ou Karl Freund et qu'on désigne par les mots de caméras et de projecteurs ? Peut-être. Et peut-être que privés d'eux, sur une scène, elle eût sombré dans l'épouvante.

Comment jugeait-elle son art ? A quel niveau se situait-elle ? Son amie Liliane de Rothschild, ayant trouvé chez un antiquaire une statuette en bronze de Rachel, lui demanda de se laisser photographier tenant dans ses bras l'effigie de cette illustre aînée. Elle s'y refusa obstinément : « Vous n'y pensez pas ! Rachel... » Mais peut-être n'était-ce que pudeur de femme âgée (elle avait alors quatre-vingts ans), qui n'avait jamais aimé les photographes, fussent-ils des hôtes et des amis.

Sur ces plateaux de la MGM où régnaient, en même temps qu'une admirable conscience professionnelle, un perfectionnisme souvent desséchant et une rigoureuse soumission à la loi du marché, elle sut manifester en tout cas ce que nul autre que deux des très rares actrices auxquelles l'on peut parfois la comparer sans les ridiculiser, Louise Brooks, Bette Davis et Katharine Hepburn (qui l'admirait plus que toutes), ne saurait définir.

Louise Brooks : « Les grandes comédiennes comme Garbo et la Duse avaient la même technique... Garbo est tout mouvement. D'abord apparaît l'émotion et de l'émotion naît le mouvement... Elle est tellement parfaite que les gens disent qu'elle ne peut pas jouer... »

Bette Davis : « De la pure magie. Je ne parviens pas à analyser le jeu de cette femme. Je sais seulement que personne n'a travaillé aussi efficacement devant une caméra... »

Travaillé... efficacement... Voilà des mots que dut goûter la Suédoise, fille des Gustafson, élève de « Mojé » Stiller. On ne prétend pas bien sûr minimiser une certaine alchimie, la part de sorcellerie, la perversité multifaces de l'ange, l'envoûtement des foules... Avec le grand critique américain Otis Ferguson, commentant dans le *New York Times* la première de *Camille*, en 1937, on préfère voir en Greta Garbo « le phénomène dramatique de notre temps »... et en sa performance, alors « la chose la plus absolument belle de toute une génération ».

S'achève ici le trente-septième livre consacré à Greta Garbo. Bienvenue, par avance, au trente-huitième... Sera-t-il écrit en japonais ? En swahili ? En quechua ? Mais nul d'entre eux, ni même la re-vision passionnée de *Camille* ou de *Ninotchka*, ne nous rendra, dans sa splendeur de conte médiéval, le regard turquoise que pose sur la mer la reine Christine, par soi-même exilée.

Notes

1. Roland Barthes, *Mythologies*, Paris, Seuil, collection « Points », 1957, pp. 65-67.

2. Karen Swenson, *Greta Garbo, A Life Apart*, New York, Scribner, 1997, p. 31.

3. *Ciné-Magazine* n° 7, juillet 1930.

4. Qui restera pour elle un nom fétiche. Dans la scène de *La Reine Christine* où celle-ci veut encore cacher son identité à son amant espagnol, elle déclare s'appeler « le comte Dohna ».

5. Karen Swenson, *op. cit.*, p. 79.

6. Mais contrairement à ce qui est souvent écrit, Marlène Dietrich n'y joue aucun rôle, pas même celui de la meurtrière du boucher qu'on lui attribue parfois.

7. Gary Paris, *Greta Garbo*, traduction française, Paris, Seuil, 1996.

8. Future épouse de Thalberg et interprète de *Roméo et Juliette*.

9. Qui avait peut-être été lui-même, on l'a vu, l'amant de Stiller...

10. Gary Paris, *op. cit.*, p. 93.

11. Thomas Mann, *Le Tournant*, Paris, Seuil, collection « Points », pp. 253-254.

12. Roland Barthes, *Mythologies*, *op. cit.*, p. 66.

13. Est-ce bien sûr ?

14. Mais elle adorait assister au passage du film en rétro : les « glip-glap-glop » qu'elle s'entendait émettre l'enchantaient. Sitôt la bobine en place, elle s'enfuyait.

15. Jacques Feyder, *Souvenir d'un cinéaste*, pp. 54-55.

16. Maurice Bardèche, Robert Brasillach, *L'Histoire du cinéma*, 1934.

17. On s'en tient ici aux films qu'avaient pu voir ces auteurs.

18. Mercedes de Acosta, *Here Lies the Heart*, Londres, A. Deutsch, 1960, pp. 235-236.

19. Salka Viertel, *The Kindness of Strangers*, New York, Holt, Rinehart and Winston, 1969.

20. Karen Swenson, *op. cit.*, p. 301.

21. Reproduites dans Patrick Brion, *Garbo*, Paris, Le Chêne, 1985, p. 161.

22. Qui avait pris en cours de route la relève de Richard Boleslawski.

23. Ce rôle sera joué quatre ans plus tard par Bette Davis (flanquée de Ronald Reagan !).

24. Salka Viertel, *op. cit.*, p. 198.

25. Patrick Mac Gilligan, *George Cukor – a Double Life*, New York, St. Martin Press, 1991, p. 109.

26. Philippe Hériat, par exemple, y avait la qualité de « conseiller historique ».

27. Garson Kanin, *Hollywood, les années folles*, Paris, Presses de la Cité, 1975.

28. Karen Swenson, *op. cit.*, p. 411.

29. Karen Swenson, *op. cit.*, p. 420.

30. Garson Kanin, *op. cit.*, pp. 87-88.

31. Cité par Patrick Brion, *op. cit.*, p. 212.

32. *Ibid.*, p. 346.

33. Salka Viertel, *op. cit.*, p. 300.

34. Ce texte a été publié dans la troisième édition de *Stars*, Paris, Seuil, 1972, p. 21.

35. Entretien avec l'auteur, janvier 1999.

36. On tient compte ici, non sans une pointe de dégoût, de ce type de souvenirs, qui ne témoignent pas en faveur des « collectionneurs ».

37. Karen Swenson, *op. cit.*, p. 414.

38. Cecil Beaton, *Les Années heureuses*, Paris, Albin Michel, 1973.

39. Certains amis de Garbo, jouant sur le mot *lies*, assuraient que ce mot, qui signifie « gît » et « ment », était mieux traduit ici par le second mot…

40. Karen Swenson, *op. cit.*, p. 13.

41. Gary Paris, *op. cit.*, p. 353.

42. John Bainbridge, *Garbo*, New York, Holt, Rinehart and Winston, 1971, p. 284.

43. *Le Nouvel Observateur*, 18 avril 1990.

Annexes

Éléments biographiques	Dans le monde
1905 : Le 18 septembre, naissance de Greta Louisa Gustafson à Stockholm, dans une famille pauvre.	Rupture entre la Suède et la Norvège. Première révolution russe.
1914	Première Guerre mondiale.
1917	Révolution bolchevik.
1918 : A treize ans, avec trois amies, elle crée l'Attic Theater.	
1919	Traité de Versailles.
1920 : Mort de son père. Elle travaille chez un barbier, puis chez un chapelier.	
1921 : Entre à l'Académie dramatique.	
1923 : Rencontre avec Mauritz Stiller.	Premier putsch de Hitler.
1924 : Séjour commun à Berlin et à Constantinople.	
1925 : Arrivée à New York, puis Hollywood avec Stiller.	
1926 : Liaison avec John Gilbert.	
1928 : Mort de Stiller à Stockholm.	
1929 : Rencontres de Salka Viertel et de Mercedes de Acosta.	Crise financière mondiale.

Les films

1921 : *Luffar Peter (Peter le Vagabond),* comédie légère (sous le nom de Gustafson)

1924 : *Gösta Berlings Saga (La Légende de Gösta Berling)*, de Mauritz Stiller, sous le nom de Greta Garbo.

1925 : *Die Freudlose Gasse (La Rue sans joie*), de G. W. Pabst.

1926 : *The Torrent (Le Torrent)*, de Monta Bell.
The Temptress (La Tentatrice), de Fred Niblo.

1927 : *Flesh and the Devil (La Chair et le Diable)*, de Clarence Brown.

1928 : *Love (Anna Karénine)*, d'Edmund Goulding.
The Divine Woman (Une Femme divine), de Fred Niblo.
The Mysterious Lady (La Belle Ténébreuse), de Fred Niblo.

1929 : *A Woman of Affairs (Intrigues)*, de Clarence Brown.
Wild Orchids (Terre de Volupté), de Sydney Franklin.
The Single Standard (Le Droit d'aimer) de John Robertson.
The Kiss (Le Baiser), de Jacques Feyder.

1930 : Le cinéma parle. Garbo aussi…	
1932	F.D. Roosevelt, président de[s] États-Unis.
1933 : Liaison (?) avec Rouben Mamoulian. 1934 : avec George Brent (?).	Hitler au pouvoir.
1936 : Mort de John Gilbert.	Front populaire et guerre d'Espagne.
1938 : Liaison avec Leopold Stokowski.	
1939	Seconde Guerre mondiale
1941	Les États-Unis entrent en guerre.
1942 : Retraite de Greta Garbo. Elle s'installe à New York.	
1945	Victoire des Alliés sur le nazisme.
1946 : Liaison (?) avec Cecil Beaton. 1948 : Liaison (?) avec George Schlee.	
1984 : Sydney Lumet tourne *In Search of Garbo.* 1990 : Le 14 avril, mort à l'hôpital, à New York.	

1930 : *Anna Christie*, de Clarence Brown.
Romance, de Clarence Brown.

1931 : *Inspiration (L'Inspiratrice)*, de Clarence Brown.
Susan Lenox : Her Fall and Rise (La Courtisane), de Robert Leonard.
Mata-Hari, de George Fitzmaurice.

1932 : *Grand Hotel,* d'Edmund Goulding.
As You Desire Me (Comme tu me veux), de George Fitzmaurice.

1933 : *Queen Christina (La Reine Christine)*, de Rouben Mamoulian.

1934 : *The Painted Veil (Le Voile des Illusions)*, de Richard Boleslawski.

1935 : *Anna Karenina (Anna Karénine),* de Clarence Brown.

1937 : *Camille (Le Roman de Marguerite Gautier)*, de George Cukor.
Conquest (Marie Walewska), de Clarence Brown.

1939 : *Ninotchka,* d'Ernst Lubitsch.

1941 : *Two-Faced Woman (La Femme aux deux visages)*, de George Cukor.

1948 : Projet de *La Duchesse de Langeais*.

Bibliographie indicative

Mercedes de Acosta, *Her Lies the Heart,* New York, Reynal, 1960.

Henri Agel, *Greta Garbo,* Paris, Librairie Séguier, 1984.

John Bainbridge, *Garbo,* New York, Holt, Rinehart and Winston, 1971.

Roland Barthes, *Mythologies,* Paris, Seuil, 1957.

Cecil Beaton, *Les Années heureuses,* Paris, Albin Michel, 1973.

Patrick Brion, *Garbo,* Paris, Le Chêne, 1985.

Michael Conway, Dion MacGregor, Mark Ricci, introduction de Parker Tyler, *Les Films de Greta Garbo,* New Jersey, Citadel Press, 1968.

Françoise Ducout, *Greta Garbo, la somnambule,* Paris, Stock, 1979.

Raymond Durgnat, John Kobal, *Greta Garbo,* Londres, Dutton Vista, 1965.

Jacques Feyder et Françoise Rosay, *Le Cinéma, notre métier,* Genève, Skira, 1946.

Garson Kanin, *Hollywood, les années folles,* Paris, Presses de la Cité, 1975.

Patrick McGilligan, *George Cukor,* New York, St. Martin's Press, 1991.

Klaus Mann, *Le Tournant,* Paris, Solin, 1985.

Edgar Morin, *Les Stars,* Paris, Seuil, 1972.

Gavin Lambert, *On Cukor,* New York, Putnam, 1972.

Gary Paris, *Garbo,* New York, A. Knopf, 1995 ; traduction française : Paris, Seuil, 1996.

Klaus-Jurgen Sembach, *Portraits de Garbo,* Munich, Schirmer-Mosel, 1985.

Karen Swenson, *Greta Garbo, a Life Apart,* New York, Simon and Schuster, 1997.

Salka Viertel, *The Kindness of Strangers,* New York, Holt, Rinehart and Winston, 1969.

Alexander Walker, *Garbo,* Londres, Weindenfeld & Nicholson, 1986.

H. G. Weinberg, *The Lubitsch Touch,* New York, Dutton, 1968.

Table des matières

1. En manière de frontispice de ce cahier dont l'ordonnancement est chronologique, on a choisi ce portrait réalisé pendant le tournage de *Mata-Hari* (1931) par Clarence Sinclair Bull, le photographe préféré de Greta Garbo. On lui doit, d'elle, des milliers de portraits. Celui-ci est peut-être le plus beau.

2. A seize ans, dans *Luffar-Peter (Peter le Vagabond)* d'un certain Petschler qui s'inspire des *Bathing Beauties* de Mack Sennett, Greta Gustafson affiche des formes et une santé qui ne semblent pas la vouer à jouer *La Dame aux camélias.*

3. On a tant dit et écrit que les spécialistes de Hollywood avaient façonné et réinventé les traits et le personnage de Greta Garbo qu'il est intéressant de voir surgir dès 1924, dans *La Légende de Gösta Berling* (elle a dix-huit ans), ce visage dont Mauritz Stiller affirmait que « l'écran n'en reflète qu'un par siècle ».

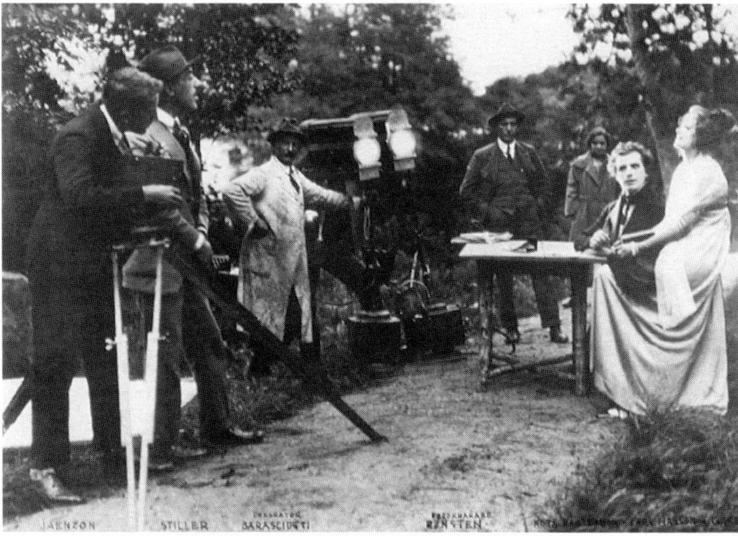

4. Derrière la caméra, pendant le tournage de *Gösta Berling*, se profile la puissante silhouette du Pygmalion de Greta, Mauritz Stiller (coiffé d'un chapeau). Alors au sommet de sa gloire, il vient d'inventer le nom sous lequel sa protégée deviendra un mythe. Comment, sous l'apparence de l'adolescente potelée de *Luffar-Peter*, dont il a d'abord fait la petite comtesse Dohna, Stiller a-t-il su deviner la reine Christine et Ninotchka ? Rien de moins aveugle que l'amour, pour peu qu'il se double d'une certaine exigence.

5. Dans la pénombre de la « Rue sans joie », drapée dans le manteau de fourrure qui symbolise la corruption, Greta est en butte aux avances de Gregory Chmara.

6. C'est en juillet 1925, à la veille des vingt ans de Greta, qu'Arnold Genther a su éclairer et révéler ainsi « le » visage dont va s'emparer Hollywood.

7. Déjà star de la MGM, miss Garbo entre les deux maîtres du cinéma suédois, Victor Sjöström et le très possessif « Mojé » Stiller.

8. Venant de l'Europe corrompue où elle a joué la sage comtesse Dohna ramenant Gösta Berling dans le droit chemin, et préservé la vertu dans *La Rue sans joie,* Greta Garbo découvre le stupre au pays de la censure. Si *La Chair et le Diable* a marqué l'histoire du cinéma, c'est par l'affichage des indications érotiques d'autant plus provocantes que la presse ne cesse de célébrer les amours de la sirène suédoise avec le tumultueux Gilbert. Le public auquel sont montrées ces scènes brûlantes est sommé de les tenir pour réelles…

9. La fatale Felicitas, au moment où va se dérouler le duel opposant son mari à son amant dans l'île où a été scellée leur amitié, accourt sur un lac gelé pour prévenir l'affrontement qu'elle a provoqué. Las! la glace se rompt sous les pas de la pécheresse qui meurt engloutie comme les pontonniers de Napoléon dans la Bérézina... Les ligues de vertu sont vengées et Greta entre, noyée, dans la gloire.

10. Pas de plus beau rôle que celui d'Anna Karénine, sauf s'il est le produit d'une adaptation bâclée, ne visant qu'à rentabiliser le couple Garbo-Gilbert, encore palpitant des étreintes de *La Chair et le Diable.* Toujours flanquée de Jack, encore plus problématique en officier du tsar qu'en lieutenant autrichien, Greta Garbo n'affronte pas sans peine son premier rôle de grand style. Il faudra attendre près de dix ans, et l'avènement du cinéma parlant, pour qu'elle soit prête à incarner, dans sa grandeur tragique, l'épouse du conseiller Karénine, mère du petit Serguei. Appliquant à Tolstoï le traitement infligé au deuxième film de Garbo à Hollywood, l'extravagante *Tentatrice,* le producteur fit tourner deux versions de la scène finale : dans la seconde, Anna ne se jette pas sous un train mais dans les bras de Vronski ! Les exploitants de salles avaient le choix entre les deux versions : on assure que, sur les deux côtes, est et ouest, la majorité choisit la locomotive ; dans le Middle West, M. Gilbert...

11. Dans *The Mysterious Lady* (*La Belle Ténébreuse,* 1928), Garbo est une espionne russe qui trahit le tsar pour son amant autrichien. Elle porte une de ces robes qu'Adrian dessinait pour elle, exaltant le style de la fin des années vingt, non sans laisser paraître des formes moins androgynes que le veut la légende.

12. Cette admirable ombre chinoise qui évoque les précurseurs de Lumière et de Méliès montre Garbo dans son dernier film muet, *The Kiss* (*Le Baiser,* 1929), face à la caméra maniée par le cher Bill Daniels, sous le regard du réalisateur, son ami Jacques Feyder.

13. C'est du tournage de ce film *(The Kiss)* que date ce portrait. Stiller vient de mourir. Greta s'est éloignée de Gilbert. Elle a rencontré Mercedes de Acosta. *(Photo Clarence Sinclair Bull).*

14. *« Give me a whisky, baby ! »* Miss Garbo entre, en pull-over moulant, et sous le nom d'Anna Christie (1930) dans l'univers du cinéma parlant, avec sa voix de nuit étoilée. *(Photo Clarence Sinclair Bull).*

15. Ce n'est pas elle qui a décidé de jouer *Comme tu me veux,* de Pirandello. Pas elle non plus qui a choisi cette perruque platinée à la Jean Harlow. Mais c'est bien elle qui a exigé l'engagement, pour jouer le démoniaque Karl Salter, d'Erich von Stroheim, qu'elle admirait surtout comme metteur en scène et par qui elle souhaita être dirigée. Dans ce film manqué (Jacques Feyder, responsable du choix du sujet, s'était retiré), les face-à-face entre Garbo et Stroheim révèlent que la Suédoise est en passe de devenir une actrice.

16. Telle qu'en elle-même, enfin… Avec *La Reine Christine* (1933) « la Divine » a trouvé son rôle, son style et son mode d'incarnation. Personnage désiré, masque sculpté (et par qui, sinon par elle-même ?), technique maîtrisée, voici celle que Stiller eût reconnue. Et Salka Viertel a pris sa place d'inspiratrice auprès d'elle.

17. Anna, de nouveau, accouplée cette fois à un véritable acteur, Fredric March, et dirigé par son homme de confiance, Clarence Brown. De 1926 à 1935, la comédienne s'est forgée sous l'enveloppe de la star. Anna et Vronski voyagent. Lui est tout à son plaisir. Dans son regard à elle perce le désespoir.

18. Marguerite Gautier, après la rupture. Pour parler de ce visage, il faudrait être Proust évoquant la Berma. *(Photo Clarence Sinclair Bull).*

19. « Pouvez-vous rire ? » avait demandé Lubitsch à Garbo – sachant bien qu'elle saurait (elle est « marrante » disait-il à Garson Kanin...). « Je vous ferai ça demain », répondit la reine Christine, que l'on avait bel et bien vue cinq ans plus tôt s'esclaffer dans la neige. Et, dans le bistro parisien où vient de s'étaler Melvyn Douglas, c'est l'éclat de rire fameux.

20. *La Femme aux deux visages* est un fiasco, c'est entendu. Un fiasco tellement préfabriqué par la MGM, envenimé par la presse et aggravé par la censure qu'il provoqua la retraite de Garbo – ou lui servit de prétexte. Et pourtant, le brillant Cukor, ici très convaincant, est le maître du jeu. Et pourtant, sous le grand feutre (qui a de l'avenir…), le regard de Greta n'est certes pas crépusculaire.

21. Naviguant en Méditerranée, avec Cécile de Rothschild...

22. ... et en promenade avec Éric de Goldschmidt-Rothschild, Valentina et George Schlee.